Die liebestrunkenen Nachtläufer

Die schönsten Sagen des Schleswiger Landes
zwischen Nordschleswig und Holstein
und den nordfriesischen Inseln,
mit Flensburg, Eckernförde, Kiel, Bad Segeberg,
Neumünster, Rendsburg, Itzehoe und Nordfriesland.

Die liebestrunkenen Nachtläufer

Sagen des Schleswiger Landes

zwischen Nordschleswig und Holstein

nacherzählt und herausgegeben
von
BRODER-M. KETELSEN

Illustrationen
von
HAUKE ANDERSEN

VERLAG POMP & SOBKOWIAK · ESSEN

Zeichnungen: Hauke Andersen
Druck: Druckerei Peter Pomp GmbH, Essen

ISBN 3-922693-63-6

Vorwort

Der Lehrer und Volkskundler Bruno Ketelsen legte in den Jahren 1934 bis 1938 in kollegialer Zusammenarbeit mit anderen Volkskundlern, zu denen auch Gustav Friedrich Meyer zählte, eine volkskundliche Sammlung an, durch die die Kenntnis des überlieferten Erzählgutes bedeutend erweitert worden ist. Diese Sammlung wird heute in der Landesbibliothek Schleswig-Holstein aufbewahrt. Die Texte sind noch so vorhanden wie Bruno Ketelsen sie aufgenommen hat, nämlich wörtlich in der Mundart der Erzähler. Für die vorliegende Ausgabe wurden die alten Überlieferungen zum besseren Verständnis sprachlich neugefaßt. Ferner hat der Herausgeber soweit wie möglich in die Texte deren historischen Hintergrund eingearbeitet, ohne allerdings die ursprüngliche Aussage des volkstümlichen Erzählgutes anzutasten.
Was hat man eigentlich unter „volkstümlichem Erzählgut" zu verstehen? Nun, es ist das, was zu einer Zeit, die noch nicht von Kommunikationsmedien geprägt war, überall dort, wo Menschen zusammenkamen, berichtet worden ist, sei es bei dörflichen Gesellschaften, im Wirtshaus oder im Kreise der Familie. Es kann der Bericht eines Ereignisses, eine einfache Erzählung oder eine künstlerisch gestaltete Geschichte sein.
Die sogenannten Volksglaubensberichte (mythische Sagen), Legenden und andere Sagen gehören ebenfalls hierzu. Kennzeichnend für die volkstümliche Erzählung ist die Variante. Entsprechend ihrem Bekanntheitsgrad findet sich dieselbe Erzählung oder ihr Grundthema häufig an verschiedenen

Orten. Bewahrer und Überlieferer der volkstümlichen Berichte waren stets die Erzähler selbst, die nicht nur weitergeben, sondern auch belehren wollten. In ihrem Erzählstil prägten sie die alten Geschichten in besonderer Weise, eine Leistung, von der bei schriftlicher Fixierung naturgemäß einiges verlorengeht.
Dennoch mag die vorliegende Auswahl der schönsten Sagen aus der Sammlung Bruno Ketelsen (gelegentlich erweitert durch ergänzendes Sagenmaterial aus anderen Quellen) an die uralte Erzähltradition anknüpfen und ein wenig dazu beitragen, unsere Überlieferungen vor dem Vergessen zu bewahren.

Broder-M. Ketelsen

Der Retter

Am Ende des Dreißigjährigen Krieges war auch der Norden des Schleswiger Landes entvölkert, und viele Höfe waren unbewohnt. Der Krieg und die Pest hatten die Menschen vertrieben. Auf einem großen Hof im Dorf Haberlund lebten nur noch zwei Frauen. Der Hoferbe, die Knechte und die Mägde waren durch den Krieg umgekommen oder an der Pest gestorben. Das Vieh hatten die Soldaten mitgenommen, und Teile des Hofes waren abgebrannt. Die beiden Frauen lebten in größter Armut, denn ohne Pferde konnten sie den Acker nicht pflügen. Sie lebten von Früchten, die sie in ihrem Hausgarten ernteten.

Eines Tages kam ein Fremder auf den Hof. In aller Ruhe sah er sich den Hof und das umliegende Land an und erkundigte sich bei den Frauen über die Güte des Bodens und über die Größe des Hofes. Dann fragte er sie, wer von beiden den Hof erben würde. Sie antworteten, daß beide Eigentümerinnen des Hofes seien und daß darüber jetzt nicht entschieden sei. Erst einmal benötigten sie dringend Hilfe, um den Hof wieder in Schwung zu bringen. Der Fremde hörte ihnen zu, und ohne ein Wort zu sagen ging der fort. Die beiden Frauen hatten gehofft, daß der Fremde ihnen helfen würde und gingen enttäuscht ins Haus zurück, wo sie weiter in ärmlichen Verhältnissen lebten. Immer wieder unterhielten sie sich über den seltsamen Fremden und konnten es nicht begreifen, daß er so wortlos gegangen war. Einige Zeit später sahen sie einen Wagen, der von zwei kräftigen Pferden gezogen wurde, den Weg zum Hof heraufkommen. Auf dem Wagen saß der Fremde, über den sie so viel gesprochen hatten. Er war zurückgekommen und hatte viele Lebensmittel und Saatgut mitgebracht; außerdem bot er sich

als Knecht an. Von der Zeit an ging es wieder aufwärts auf dem Hof, und eines Tages bat der Fremde um die Hand einer der Frauen, die jetzt endlich seinen Namen erfuhren. Er hieß Martin Callesen, und sein Geschlecht wurde im Laufe der Zeit das wohlhabendste und vornehmste in der ganzen Gegend.
(Nordschleswig)

Das vergessene Kind

Als sich im Dreißigjährigen Krieg polnische Heerscharen Süderwollum, einem kleinen Dorf an der Westküste, näherten, flüchteten die Bewohner hinüber auf die Inseln Sylt, Röm und Fanö. Eine Familie kam jedoch nicht schnell genug fort, und der Sohn sah die Polen schon auf das Dorf zugallopieren. Auf die anrückende Heerschar zeigend, schrie er: „Sie kommen! – Sie kommen!" In großer Eile wurden die wenigen Habseligkeiten zusammengerafft. Jeder der Familie mußte einen Teil der Habe tragen. Die Eltern versuchten beruhigend auf ihre Kinder einzuwirken, obwohl sie selbst große Furcht hatten. Der Vater trieb seine Familie immer wieder zur Eile an und rief: „Schnell Kinder! – Macht schnell, wir müssen los!" Sie flüchteten zunächst in den nahen Eichenwald, denn von dort konnten sie ungesehen den Strand erreichen, wo die Boote auf sie warteten. Als sie im Wald angekommen waren, rief die Mutter: „Wo ist der kleine Christian?" Alle sahen sich entsetzt an, denn keiner trug den kleinen Christian, der noch nicht selbst gehen konnte. In der Eile hatte man ihn vergessen und in seiner Wiege liegen lassen. Die Mutter ließ ihre Habe fallen und wollte zum Haus zurücklaufen, um ihr jüngstes Kind zu holen. Ihr Mann mußte sie mit aller Kraft zurückhalten und sagte: „Das geht

nicht, es ist zu spät. Wenn die Polen dich sehen, dann werden sie dich und das Kind umbringen!" Dann nahm er seine Frau auf den Arm und trug sie zum Strand hinunter, wo sie die Boote bestiegen und zur Insel hinüber ruderten. Zwei Tage hausten die Polen in Süderwollum, schlachteten das Vieh und schleppten viel Beute davon. Einige Tage später hatte es sich auf der Insel herumgesprochen, daß die Polen wieder abgerückt waren. Die Mutter ließ sich auf das Festland hinüberrudern und eilte zurück in das Haus. Das Kind lag ruhig schlafend in der Wiege und war frisch gewickelt. Auch war es in einem Schafpelz eingehüllt, damit es nicht fror.
(Nordschleswig)

Die Wölfe bei Haistrup

Vor vielen Jahren strichen auch im Schleswigschen Land noch Wölfe durch Wälder und Auen, die einsamen Wanderern gefährlich werden konnten. In einer eiskalten Weihnachtsnacht war im Dorf Haistrup eine Bäuerin schwer erkrankt. Ihr Mann beauftragte den Knecht, nach Flensburg zu reiten, um Medikamente und Lebensmittel zu kaufen, damit seine Frau wieder gesund werden und zu Kräften kommen könnte. Aus der Ferne hörte man das Heulen der hungrigen Wölfe, aber der Knecht war ein mutiger Mann, holte sich den besten Hengst aus dem Stall und ritt los. Er erreichte ungeschoren die Stadt Flensburg, erledigte in Eile die Einkäufe und machte sich auf den Rückweg. Es hatte zu dämmern begonnen. In der Ferne vernahm der Knecht wieder das Heulen der Wölfe und mußte den Hengst, der diese gewittert hatte, beruhigen. Da geschah es! Kurz vor dem Dorf Haistrup brachen aus dem nahen Wald Wölfe hervor und kamen schnell auf den Reiter zu. Der Knecht gab dem Pferd die Sporen und schlug einen Bogen, um den bellenden Wölfen auszuweichen, aber sie kamen näher und näher. Der Knecht wußte sich nicht anders zu helfen, band einen Beutel mit Lebensmitteln los und warf ihn den Wölfen vor, die sich gefräßig darüber hermachten. Aber immer noch blieben ihm andere Wölfe auf der Spur, daher löste er den Sattel und warf ihnen diesen vor. Mit einem riesigen Sprung setzten die Wölfe darüber hinweg, kamen näher und näher.

Da sah der Knecht einen Baum, ritt auf ihn zu und konnte sich mit einem kühnen Schwung auf einen Ast retten. In noch schärferem Galopp setzte der Hengst seinen Weg fort und erreichte nach schwerem Kampf mit den Wölfen die heimische Stalltür, wo ihn der Bauer fand. Weil er den Knecht vermißte, nahm er sich eine Forke und machte sich auf die Suche nach ihm. Die Wölfe waren verschwunden, und der Bauer erreichte den Baum, auf dem der Knecht saß. Gemeinsam gingen sie den Weg zurück, den auch der Hengst quer über die Wiesen genommen hatte. Sie fanden achtzehn Wölfe, die der Hengst erschlagen haben mußte.

(Nordschleswig)

Der Seeräuber Ulf

Bis zum Ausgang des Mittelalters machten Seeräuber auch die Küsten Frieslands unsicher. Sie beschränkten sich nicht auf Überfälle zur See, sie beraubten auch die ohnehin schon armen Bewohner in den küstennahen Gebieten. Zu den bekanntesten Seeräubern gehörten seinerzeit die gefürchteten Göde Michel und Klaus Störtebeker, aber auch andere trieben ihr Unwesen. Zu ihnen gehörte der Seeräuber Ulf, von dem die Leute gehört hatten, daß er zwar nicht so grausam sein sollte, aber dennoch seine Beute rücksichtslos in Besitz nahm. Nach einiger Zeit hatte Ulf das Bedürfnis, sich eine Frau zu suchen, aber es sollte eine Frau aus gutem Hause sein. Er hatte gehört, daß im Dorf Loit ein Mädchen wohnte, das für ihn in Frage kommen könnte. Daher machte er sich auf, um die Eltern um die Hand ihrer Tochter zu bitten, aber diese verweigerten ihre Zustimmung, denn Ulf sollte – wie sie gehört hatten – auch an anderen Orten Frauen haben.
Ulf unternahm zunächst wieder eine Kaperfahrt, aber er kehrte bald nach Loit zurück. Mit seinen Knechten überfiel er das Elternhaus des Mädchens und entführte sie auf sein Schiff. Auf Bitten des Mädchens nahm er ihre Zofe Signet mit, denn auch sie konnte ihm gute Dienste tun. Nach kurzer Fahrt erreichten sie die auf einer Halbinsel liegende Burg Andholm, die Ulf gehörte. Die Wachen der Burg hatten schon vor geraumer Zeit Frachtboote auf See gesichtet, die der gegenüberliegenden Küste zustrebten. Eilig machte sich daher Ulf auf, um den Booten nachzujagen. Das Mädchen und ihre Zofe ließ er auf der Burg zurück, aber er befahl einigen Knechten, beide gut zu bewachen. Die Knechte übernahmen die Wache nur zu gern, denn sie konnten die Mädchen gut leiden. Schon lange

Zeit waren keine Mädchen mehr auf der Burg gewesen. Besonders einer der Wächter lächelte auffällig der Zofe Signet zu, und sie erwiderte sein Lächeln, aber sie verriet ihrer Herrin nicht, daß sie den Wächter kannte. Die beiden Mädchen waren froh, daß man sie zusammen in ein Verlies gesperrt hatte. Sie waren Freundinnen geworden und nahmen ihr Schicksal gelassen hin, denn Signet sorgte für eine erträgliche Stimmung, indem sie oft Lieder sang. Darunter war ein Lied über einen Reiter, der immer traurig war. Das Mädchen wollte von Signet wissen, wer denn dieser Reiter sei? Signet vertraute ihr an, daß der Reiter ihr Bruder Orm sei, der zu den Knechten gehörte, die sie bewachten.

Eines Tages kam Orm allein zu den beiden Gefangenen. Er forderte sie auf, schnell mit ihm zu kommen, denn er wollte ihnen zur Flucht verhelfen. Durch einen geheimen Tunnel konnten sie ungeschoren die Burg verlassen und bestiegen eine kleine Kutsche, die Orm hinter einem Gebüsch versteckt hatte. Orm wies auf eine Kiste und sagte, daß darin viel Gold sei, das er dem Seeräuber gestohlen hatte. Sie würden es brauchen können, meinte er. Dann schwang er die Peitsche, und in wilder Fahrt fuhr die Kutsche davon.

Der Seeräuber Ulf war inzwischen von seiner Kaperfahrt heimgekehrt und sah die davonrasende Kutsche. Einer der Burgwächter meldete ihm, daß das Mädchen mit ihrer Zofe geflohen sei, und zwar mit der Kutsche, die Ulf davonrasen sah. Ulf befahl einigen Knechten, die besten Pferde aus dem Stall zu holen und mit ihm die Verfolgung aufzunehmen. Kurz vor dem großen Moor zwischen den Dörfern Lügum und Gjenner sahen sie vor sich die Kutsche, die in rasender Eile auf das Moor zufuhr, denn ein anderer Fluchtweg war nicht mehr möglich. Ulf war mit seinen Knechten dicht an die Kutsche herangekommen, aber plötzlich überschlug sich diese und landete vom Weg abkommend im sumpfigen Moor. Ulf und seine Knechte bemühten sich, den Verunglückten zu helfen, aber es war zu spät. Vor ihren Augen versank die Kutsche mit den Pferden, mit dem Mädchen und ihrer Zofe, mit Orm und mit all dem Gold schnell im Sumpf, wo bald nur noch Blasen aus der Tiefe emporstiegen. Ulf war verzweifelt und raste vor Wut und Schmerz. Dann ritt er zu seiner Burg zurück, ließ sie niederbrennen und begab sich mit wenigen Knechten auf sein Schiff, mit dem er auf See hinausfuhr. Er kehrte niemals zurück. (Nordschleswig)

Das liebe Brot

Es war Sonntag, und ein junges Mädchen aus dem Dorf Gallehus hatte sich gerade ihr neues Kleid und ihre Tanzschuhe angezogen, um zum Tanz in den Dorfkrug zu gehen. „Bevor du gehst, mußt du noch zum Bäcker nach Mögeltondern gehen", sagte die Mutter, „denn das Brot ist aufgegessen, und der Bäcker hat seinen Laden nur noch eine Stunde geöffnet." Weil nicht mehr viel Zeit war, ging das Mädchen los, ohne sich andere Schuhe überzuziehen. Bis zum Dorf Mögeltondern war es nicht weit, und dorthin führte ein Weg, der zwar durch ein feuchtes Wiesengelände führte, aber zu der Zeit trocken und gut begehbar war.

Das Mädchen hatte beim Bäcker ein großes Brot gekauft und war auf dem Rückweg, als es zu regnen begann. Der Weg war schnell naß und schlammig geworden, und an der tiefsten Stelle des Weges hatte sich eine große Pfütze gebildet. „Was mache ich nun?" fragte sich das Mädchen, denn es wollte sich

doch die schönen Tanzschuhe nicht verderben. Da sie aber trockenen Fußes über die Pfütze wollte, legte sie das Brot in das Wasser und trat darauf. Plötzlich aber wich das Brot unter ihren Füßen, und sie fiel in die Pfütze. Andere Leute hatten es beobachtet und wollten ihr zu Hilfe kommen, aber es war zu spät. Das Mädchen versank vor ihren Augen in der Pfütze, eine Rettung war nicht mehr möglich. Seit der Zeit machten die Leute einen großen Umweg, wenn sie von Gallehus nach Mögeltondern wollten.
(Nordschleswig)

Erlöse uns von dem Übel

In Mögeltondern lebte einst ein Mann namens Peter Hinrichsen, der hoch angesehen war, weil er sich um das Dorf verdient gemacht hatte. Er war der älteste Einwohner des Dorfes, denn nach der Inschrift unter seinem Bild, das heute noch in der Kirche hängen soll, starb er 1592 im Alter von 127 Jahren. Als er achtzig Jahre überschritten hatte — es war an einem stürmischen Novembertag — kam von See her eine große Sturmflut auf das Land zu. Die schwachen Deiche widerstanden der heranbrausenden Flut nicht und brachen. Der niedergelegene Südteil des Dorfes wurde bereits vom Wasser überspült, und die Bewohner hatten sich in die höhergelegene Schloßstraße geflüchtet. Dort standen sie ratlos in großer Schar und starrten in die steigende Flut. Vor ihren Augen trieb viel totes Vieh, das von der Flut erfaßt worden war. Einige Leute hatten ihre Brunnen zugedeckt, damit kein Seewasser hineinlaufen konnte. Andere hatten ihre Haustüren verrammelt, damit das Wasser nicht ins Haus eindringen konnte.

Aber es half nichts, die Flut stieg immer weiter an, und einige Häuser drohten bereits einzustürzen. Auch Peter Hinrichsen stand zunächst schweigend in der Schar, aber dann rief er mit lauter Stimme: „Leute, ihr habt alles versucht, aber das Wichtigste habt ihr versäumt, nämlich zu beten! Leute von Mögeltondern, herunter auf die Knie!" Alle knieten nieder, und Peter Hinrichsen betete mit lauter Stimme das Vaterunser. Die Worte 'erlöse uns von dem Übel' sprach er besonders eindringlich, und die Leute sprachen es ihm im Chor nach. Plötzlich begann das Wasser zu sinken, der Sturm ließ nach und die Gefahr für das Dorf war gebannt.
(Nordschleswig)

Die Schatzgräber

Es war eine jener warmen Sommernächte, die das Mondlicht verzaubert hatte. Die Stille und der Duft von Gras und Jasmin, das Summen der Grillen und das Quaken der Frösche ließen unwirkliche Geschichten, Phantastereien wahr werden; Geschichten von Glück und Zufriedenheit und selbstverständlich Träume von großem Reichtum, der einem in den Schoß fällt, ohne daß man sich anstrengen muß und der das Leben angenehm gestaltet. Der einsame Mann, der, eingesponnen in solche Empfindungen und Träumereien, die Dorfstraße entlang ging, lächelte erst, dann lachte er laut über sich selbst. Die laue Sommernacht, ein paar Gläser Wein zuviel, die angeregte Unterhaltung mit Freunden im Wirtshaus 'Zum lustigen Ziegenbock', ein bißchen Klatsch, ein wenig große Politik und dann die alten Geschichten aus dem Dorf hatten ihn auf seinem Heimweg in eine ganz seltsame Laune versetzt. Lachend stieß er mit seinem Fuß einen hellen Kieselstein vor sich her,

der lustig über das Kopfsteinpflaster hüpfte. Reich sein, ja, wer wollte das nicht? Wie schon so oft an gemütlichen Abenden im Wirtshaus hatte auch heute die Geschichte von der vergrabenen Geldkassette die Runde gemacht. Jeder konnte etwas dazu beitragen, gleich blieb aber immer nur der Anfang dieser Geschichte: Vor vielen Jahren, als die Kosaken raubend und plündernd ins Land einfielen, hatte ein reicher Bauer aus dem Dorf, so erzählte man sich, sein Geld, und es soll viel Geld gewesen sein, in eine Kassette gelegt und vergraben.
Der Bauer war längst gestorben, Familie hatte er nicht, und wo genau sein Grund und Boden einmal war, ja, das weiß heute niemand mehr zu sagen. Wirtshausgeschichten, dachte der lustige Mann laut, und der Kieselstein wurde wieder mit dem Fuß ein ganzes Stückchen Weg vorausgeschickt. Wirtshausgeschichten! — Und morgen ist wieder ein ganz normaler Tag. „Aber nein", sagte plötzlich eine Stimme hinter dem erschrokken stehenbleibenden Mann, „die Kassette gibt es wirklich, nur weiß niemand, wo sie vergraben liegt — außer mir!" Der Mann drehte sich um. Da stand ein Fremder vor ihm und lachte. Dann sagte er: „Erschrecken Sie nicht, ich war im Wirtshaus, hörte die Geschichte, von der jeder Ihrer Freunde nur etwas wußte. Dann hatte ich denselben Weg wie Sie, und Sie sprachen weiter, laut und verständlich. Vielleicht verstehen Sie mich besser, wenn ich Ihnen sage, daß ich vor vielen Jahren hier im Ort bei dem Bauern arbeitete, der sein Geld vor den Kosaken versteckte. Ich weiß, wo er die beste Gelegenheit hatte, seinen Schatz zu verstecken. Ich muß gestehen, ich hätte das Geld sehr gern, kann aber allein nicht hingehen, um es auszugraben. Ich mache Ihnen einen Vorschlag. Wir versuchen es gemeinsam und teilen uns den Schatz, es ist genug für uns beide da!"
Der so Angesprochene wischte sich mit dem Handrücken

über die Augen, glaubte zu träumen, schimpfte im Stillen über den zuviel genossenen Wein und fand dann soviel Klarheit, dem Fremden ein Treffen am nächsten Abend im Wirtshaus vorzuschlagen, wobei sie dann alles in Ruhe besprechen würden. Der Fremde war einverstanden, verabschiedete sich und verschwand. Die Nacht hatte ihn verschluckt. Der Mann ging verwirrt nach Hause, legte sich ins Bett und träumte von einer großen Kassette, in die er mit beiden Händen hineingriff, viel, viel Geld heraushob und es in die Luft warf, von einem Sternenregen, der nicht enden wollte.

Am nächsten Morgen bemühte er sich, Wahrheit, Phantasie und Träume auseinanderzuhalten. Sein Kopf war ihm sehr schwer, er wollte niemals wieder Wein trinken. Doch am Abend war er wieder im Wirtshaus 'Zum lustigen Ziegenbock'. Er saß dort allein vor seinem Glas, schalt sich selbst einen weinbeseligten Träumer, als ein freundliches 'Guten Abend' ihn aufblicken ließ. Vor ihm stand der Fremde, ließ sich auf dem Stuhl ihm gegenüber nieder und vergewisserte sich der zugesagten Hilfe für die Hälfte des Kassetteninhalts. Also doch kein Traum?

Die folgende Unterhaltung wurde immer angeregter, und keiner der beiden „Schatzgräber" achtete auf den Wirt, der Gläser abräumend, Stühle rückend und Tischplatten wischend sich immer in der Nähe der beiden aufhielt und die Ohren spitzte. Vor der alten Eiche auf einem einsamen Feld war die Rede. Von sechs Schritten genau nach Norden, dann rechtwinklig abbiegend, noch einmal vier Schritte bis dicht vor die Weißdornhecke und dort, genau dort sollte die Kassette vergraben sein, die soviel Reichtum versprach. Als dann noch von ein Uhr in der Nacht, von Mondlicht, das den Weg wies, gewispert wurde, hatte der Wirt genug gehört. Er konnte sein

Schmunzeln kaum verbergen, als er den beiden einen guten Heimweg wünschte und dachte schon darüber nach, wie er ihnen einen herrlichen Streich spielen würde. Ja, und das Geld aus der Kassette, das konnte der Wirt selber gut gebrauchen.
Die Kirchturmuhr schlug einmal, als zwei Gestalten mit Schaufel und Spaten über das Feld huschten, an der großen Eiche sechs Schritte genau nach Norden taten, dann vier zur Weißdornhecke hin. Dort warfen sie ihre Jacken ab und begannen hastig zu graben. Sie gruben und gruben, die Erde flog nur so aus dem immer tiefer werdenden Loch. Eine der Gestalten glaubte sich einem Schwindel aufgesessen, doch die andere Gestalt trieb immer wieder an.
Plötzlich klang ein heller Ton, der Spaten war auf Metall gestoßen – die Kassette war gefunden. Da rief es schaurig und dumpf aus der Weißdornhecke: „Das Geld gehört mir! – Das Geld gehört mir!" Die beiden Schatzgräber starrten in die Hecke, aus der mit Gepolter ein gehörntes Ungeheuer hervorbrach. Das konnte nur der leibhaftige Teufel sein. Spaten und Schaufel flogen, die beiden Schatzgräber liefen um ihr Leben. Der lachende Wirt kroch aus dem Fell seines noch in der Nacht geschlachteten Ziegenbockes hervor und ergriff in aller Ruhe die Geldkassette.
Die Zeit verging, der Fremde war nie wieder im Dorf gesehen worden, und nach und nach glaubte der Mann, alles sei nur eine Spukgeschichte gewesen, ein Traum in einer weinseligen Nacht. Es wurden noch viele lustige Abende im Wirtshaus 'Zum lustigen Ziegenbock' gefeiert und ab und zu spendierte der großzügige Wirt seinen Gästen ein Gläschen ganz besonderen Wein und schmunzelte, denn es ging ihm alle Zeit gut mit dem vielen, vielen Geld aus der Kassette.
(Nordschleswig)

Der starke Anders

Vor vielen Jahren lebte im Dorf Jerpstedt in Nordschleswig ein junger Mann, den man den 'starken Anders' nannte. Er war ein richtiger Bauernjunge, naturverbunden und von Kindheit an mit landwirtschaftlichen Arbeiten auf dem kleinen Bauernhof seines Vaters vertraut. Er schaffte die schwersten Arbeiten, denn er war groß und sehr kräftig und ersetzte durch seinen Fleiß drei Arbeiter.

Einmal fuhr er mit seinem beladenen Heuwagen zum Stellmacher, denn es mußte ein Rad ausgewechselt werden. Etwas ratlos sah sich der Stellmacher das Rad an, aber da griff auch schon der 'starke Anders' in die Speichen des Rades und hob den beladenen Wagen soweit an, daß der Stellmacher mühelos das Rad wechseln konnte. Im ganzen Dorf war Anders als fröhlicher und hilfsbereiter junger Mann bekannt, und es hatte sich weit über die Dorfgrenzen hinaus herumgesprochen, daß er über große Kräfte verfügte. Durchreisende Kaufleute und Viehhändler trugen die über den 'starken Anders' erzählten Geschichten weiter zu anderen Orten. Auch ein Mann aus dem fernen Jütland hörte davon. Er war davon überzeugt, daß er stärker sei als Anders und wollte sich daher mit diesem messen.

Er machte sich auf nach Jerpstedt. Anders war gerade draußen auf dem Südacker beim Pflügen. Als er den Fremden auf sich zukommen sah, hielt er die Pferde an und fragte den Mann, ob er ihm helfen könne? Der Fremde fragte, ob er ihm das Haus des 'starken Anders' zeigen könne, denn da wollte er hin. Anders nickte, nahm den Pflug aus der Erde, hob ihn hoch und zeigte damit auf das Haus. Dann sagte er: „Dort wohnt der 'starke Anders', aber er ist nicht zu Hause. Er ist auf dem

Acker und pflügt!" Der Jütländer erschrak, denn er sah den 'starken Anders' vor sich. Ohne ein weiteres Wort zu verlieren, drehte er sich um und machte sich schleunigst wieder auf den Heimweg.
(Nordschleswig)

Der Teufel und der Kartenspieler

Südlich des Dorfes Hellewadt, an der Landstraße von Apenrade nach Lügumkloster liegt ein Wirtshaus mit Namen „Köveres", was soviel wie „Treff-As" heißt. Diesen Namen erhielt das Haus nach folgender Geschichte: Im Wirtshaus wurde fast jeden Tag mit Karten gespielt. Einmal saß eine muntere Gesellschaft beisammen, und es fehlte beim Spielen nicht an Flüchen und unziemlichen Redensarten, in denen der Teufel besonders oft vorkam. Da kam fast unbemerkt ein Handwerksbursche zur Tür herein, eigentlich sonderbar, denn es war jetzt nicht die Wanderzeit dieser Burschen. Er setzte sich zu den Spielenden, spielte mit und hatte Glück. Die anderen Spieler wurden bald mißlaunig, denn sie verloren zu oft. Einer von ihnen warf so wütend eine Karte auf den Tisch, daß sie unter den Tisch flog. Er bückte sich, um sie aufzuheben. Da sah er, daß der Handwerksbursche einen Pferdefuß hatte.
Schweigend, als hätte er nichts gesehen, legte er seine Karten auf den Tisch, stand auf und verließ grußlos das Wirtshaus. Das fiel den anderen auf, und ein zweiter ließ absichtlich eine Karte fallen. Auch er bemerkte den Pferdefuß, stand auf und folgte schweigend und grußlos dem anderen. Alle taten es ihm nach, und schließlich saß der Handwerksbursche allein im Wirtshaus. Der lachte nun laut und höhnisch über die Feigheit

seiner Mitspieler, denn er dachte, sie seien gegangen, weil sie im Spiel kein Glück hatten. Der Wirt aber hatte es mit der Angst bekommen, denn noch niemals hatte er so etwas erlebt. An wen sollte er sich wenden? In dem kleinen Dorf waren nur zwei, die ihm helfen konnten, den lästigen Gast wieder loszuwerden, das waren der Lehrer und der Pastor. Da der Wirt aber glaubte, Böses sei im Spiel gewesen, schickte er die Magd zum Pastor, der den „Bösen" bannen sollte. Der Pastor kam schnell, denn die Magd hatte ihm genau geschildert, was im Wirtshaus vorgegangen war. Er setzte sich zu dem Gast und legte drei Bücher auf den Tisch. Der Handwerksbursche erhob sich und schleuderte zwei der Bücher mit seinem Pferdefuß zu Boden. Das dritte Buch nahm er an sich, es war die Bibel. Der Pastor verlangte die Rückgabe des Buches, aber der Handwerksbursche weigerte sich beharrlich. Da der Pastor ein großer und starker Mann war, versuchte er es mit Gewalt, aber der Handwerksbursche trat ihn mit dem Pferdefuß. Heimlich ließ der Pastor sich jetzt vom Wirt eine große Nadel geben und bohrte mit ihr ein Loch durch das Fensterblei. Dann ging er zum Handwerksburschen, der inzwischen in dem Buch geblättert hatte, setzte sich mit ihm an den Tisch und redete mit väterlichem Ton auf ihn ein. Er sprach zu ihm mit vielen Worten aus der Bibel und sagte: „In diesem dicken Buch steht alles, was du über das Leben wissen mußt! Wenn du es liest, dann bist du ein sehr gelehrter Mann, und mit geschliffenem Geist kannst du alle für dich gewinnen!" Dann zeigte er dem Handwerksburschen eine Stelle in dem Buch und sagte: „Besonders an dieser Stelle steht etwas sehr Gutes geschrieben, lies es laut und deutlich!" Der Handwerksbursche nahm das Buch, sah zunächst den Pastor groß an, las aber dann laut ein ganzes Kapitel vor. Der Pastor ermunterte ihn, immer weiter zu lesen, und er tat es.

Immer mehr ereiferte er sich, und immer schneller las er, da plötzlich erhob er sich wie eine Feder und schlüpfte lesend und immer lesend durch das Loch im Fenster hinaus. Der Pastor hob die heruntergefallene Bibel auf und sagte zum Wirt: „Sieh dir deine Gäste besser an und achte auf die Reden bei Tisch, dann wird der Teufel nicht wiederkommen!" Der Wirt versprach es dem Pastor, und von der Zeit an wurde kein Handwerksbursche mit einem Pferdefuß mehr im Dorfe gesehen. (Nordschleswig)

Der tapfere Bauer

Zu Anfang des neunzehnten Jahrhunderts, als die Schweden und Russen mit ihren Heerscharen durch das Land zogen, lebte bei der Stadt Apenrade ein Bauer namens Behrendsen. Er hatte das Herz auf dem rechten Fleck. Eines Tages kam eine Schar Russen in sein Haus. Sie drohten, es niederzubrennen oder zu plündern, wenn er ihnen nicht Essen und Geld brächte. Da sie stark betrunken waren, randalierten sie im Hause und Behrendsen, der ein kräftiger und gottesfürchtiger Mann war, überlegte, was er tun könne, die ungebetenen Gäste wieder loszuwerden. Er bat die Russen, sich kurze Zeit zu gedulden, er wolle alles beschaffen. Der Bauer eilte hinaus und legte eine Stange von der Stärke einer Wagendeichsel in ein schnell entfachtes Feuer. Mit der an einem Ende brennenden Stange ging er ins Haus zurück und schlug damit wild um sich. Die Plünderer waren so überrascht, daß sie das Haus fluchtartig verließen, aber Behrendsen rechnete mit ihrer Rückkehr. Darum schichtete er eine Anzahl schwerer Baumstämme, die er auf dem Hof liegen hatte, so übereinander, daß in der Mitte

ein Raum für ein sicheres Versteck blieb. Am folgenden Tag kamen zwölf Russen zurück. Behrendsen hatte sie kommen sehen und rannte hinaus in sein Versteck, sein Gewehr hatte er sicherheitshalber mitgenommen. Von seinem Versteck aus sah Behrendsen die Horde langsam auf das Haus zuschleichen, aber scheinbar hatten sie Angst, denn sie blieben vor dem Haus stehen. Gerade wollte nun doch einer die Haustür öffnen, als Behrendsen rief: „Ergebt euch! Hier sind Soldaten! Ergebt euch!" Dann gab er einige Salven mit seinem „Muskedonner", wie er sonst sein Gewehr nannte, ab und wartete dann wieder. Die Russen wußten nicht, woher die Schüsse kamen und rannten auf den Holzhaufen zu, um hinter ihm Schutz zu suchen. Behrendsen hatte nachgeladen und feuerte einen Schuß nach dem anderen ab. Als sich nichts mehr rührte, kroch er aus seinem Versteck hervor und sah elf Tote vor dem Haus liegen, der zwölfte war entflohen.
(Nordschleswig)

Die Eckwadt-Kirche

Lang und beschwerlich war der Weg für die Leute eines kleinen Dorfes bei Apenrade, wenn sie am Sonntag zur Kirche in die Stadt gingen. Daher wollten sie sich selber in ihrem Dorf eine kleine Kirche bauen, und einer, der das Maurerhandwerk verstand, bekam dafür den Auftrag. Aber die Leute im Dorf waren arm, daher sollte der Maurer sparsam mit dem Geld umgehen, denn es müsse reichen. Außerdem mußte er den Bau zu einer bestimmten Zeit fertig haben. Der Maurer begann seine Arbeit, und zu seiner Hilfe stellte er einige Arbeiter ein. Bald waren die Grundmauern der Kirche fertig.

Immer wieder rechnete der Maurer die Kosten durch, aber schon jetzt war im klar, daß er mit dem Geld nicht auskommen würde. Er trieb seine Arbeiter an und erzählte ihnen, daß sie mit dem Geld nicht auskämen, wenn sie nicht schneller arbeiteten. Da fürchteten die Arbeiter um ihren Lohn und verließen ihn, um sich besseren Verdienst zu suchen. Nun war der Maurer allein und stand vor einem schier unlösbaren Problem. Er grübelte und grübelte, aber er fand keine Lösung. Da kam ein Fremder des Weges und sagte: „Mir scheint, du siehst so überaus bedrückt aus." Der Maurer aber meinte, es nütze ihm nichts, wenn er dem Mann seine Probleme mitteilen würde. „Erzähl mir von deinen Sorgen, das erleichtert das Herz", sagte der Fremde. Der Maurer schaute in die gütigen Augen des Fremden, faßte Mut und erzählte ihm alles. Dann sagte der Fremde: „Nun werden wir einen Akkord machen. Ich werde deine Kirche weiterbauen. Wenn ich zur rechten Zeit fertig werde, dann sollst du mein Sklave sein." In seiner Not erklärte sich der Maurer einverstanden. Der Fremde baute Tag und Nacht ohne Hilfe anderer. Der Maurer aber ging herum und grübelte. Als er an einem kleinen Berg vorüberkam, hörte er plötzlich Kindergeschrei. Was konnte das sein? Ihm schien, als käme das Geschrei aus dem kleinen Berg heraus. Der Maurer blieb stehen und lauschte. Er hörte eine Stimme, die sagte: „Schweig man still, mein Kind. Morgen kommt dein Vater Eckwadt, dann sollst du 'Christenblut' trinken." Der Maurer stutzte, 'Christenblut'? „Aha, er heißt Eckwadt, nun weiß ich Bescheid!" Am folgenden Tag ging der Maurer zum Bau und am letzten Tag der Bauzeit wieder. Der Fremde war fast fertig, nur ein Stück so groß wie eine Bodenluke fehlte noch. Der Maurer stand erstaunt vor dem Bau und sagte: „Na Eckwadt, nun hast du ja bald die Kirche fertig!" Der Fremde sah zum

Maurer herab, sagte nichts und fuhr als Geist durch das Loch der Bodenluke hinaus und verschwand. Lange hat dann der Maurer versucht, das kleine Loch in der Mauer zu schließen, aber es gelang nicht. Wenn er es zugemauert hatte, waren am nächsten Tag die Steine wieder herausgefallen. Die Leute nannten ihre Kirche die „Eckwadt-Kirche”. Durch einen Blitzschlag wurde sie Jahre später vernichtet und nicht wieder aufgebaut.
(Nordschleswig)

Die Schnitterin

Der Sohn einer Frau aus dem Dorf Ballum, das dicht hinter dem Nordseedeich liegt, war eines schweren Verbrechens angeklagt und für schuldig befunden worden. Da er vom Hardengericht zum Tode verurteilt worden war, eilte die Mutter in ihrer Angst zum Gerichtsherrn, dem Grafen von Schackenburg, warf sich ihm zu Füßen und bat flehentlich um Gnade für den Verurteilten, da dieser die einzige Stütze für ihr Alter sei. Es war Mittagszeit, und der Graf sprach, um das Weib loszuwerden: „Kannst du noch, bevor die Sonne untergeht, drei Äcker Gerste schneiden, dann soll dein Sohn frei sein.” Die Mutter ging auf das Feld und schwang die Sichel. Ein Schwaden sank nach dem anderen nieder, sie schaute nicht um und nicht auf. Bald lag der eine Acker, dann der zweite und eben vor Sonnenuntergang fiel der letzte Halm.
Von der übermäßigen Arbeit erschöpft oder vor Freude über das kaum erhoffte Gelingen sank sie zusammen, und man trug sie tot vom Feld. Auf dem Kirchhof in Ballum wurde sie begraben. Der Graf veranlaßte die Freilassung des Sohnes,

denn er war der Meinung, daß es genug Strafe für den Sohn sei, der seine Mutter auf dem Gewissen hätte, denn damit müsse der nun leben. Die Leute von Ballum spendeten der Frau einen Stein, den sie ihr auf das Grab legten. In den Stein war eine Frau eingemeißelt, die in ihren Händen die Sichel und einige Garben Gerste hält. Der Stein soll viele Jahre dort gelegen haben. (Nordschleswig)

Der wilde Jäger

Nicht weit vom Dorf Bau in Nordschleswig stand bis ins Mittelalter das Jagdschloß Waldemarstoft. Eine herrliche, mit viel Wald bewachsene Landschaft umgab das schöne Schloß, daher wohnte König Waldemar hier im Sommer und im Herbst, um seinem Lieblingsvergnügen — der Jagd — nachzugehen. Eines Tages ritt der König in aller Frühe mit vielen Jägern und Hunden in den Wald. Die Jagd war erfolgreich, aber je größer seine Beute war, desto stärker wurde seine Jagdlust. Als es endlich tiefe Nacht war und die Jagd eingestellt werden mußte, da rief der König: „Oh, wenn ich doch ewig jagen könnte!"

Da kam eine Stimme aus dem Himmel über ihm: „Dein Wunsch sei dir gewährt, König Waldemar. Von Stund' an wirst du ewig jagen!" Bald darauf starb er. Von da an tönte von Zeit zu Zeit die Luft vom Hörnerklang und Hundegebell, vom Pfeifen und Rufen wider, als ob eine große Jagdgesellschaft unterwegs wäre. Man sagte dann: „Da zieht König Waldemar!" Die Jagdgesellschaft hörte man besonders in der Johannesnacht und an Herbsttagen, wenn Stürme über das Land fegten. (Nordschleswig)

Friplov

In Bollersleben bei der Stadt Apenrade lag einst ein Bauernhof, der den Namen „Friplov" trug. Der Hof wurde dadurch bekannt, weil er vom König besonders bedacht worden war, denn der Hofbesitzer war von allen Steuern und Abgaben befreit. Viele Jahre hatte der Hofbesitzer dem König treu gedient und manchen Feldzug mit ihm siegreich beendet. Daher hatte der König ihm diese Privilegien verliehen.
Eines Tages kam der König mit seinem Gefolge durch Bollersleben. Obgleich diese Reise geheimgehalten worden war, wurde der Herzog von geschwätzigen Hofbeamten darüber unterrichtet. Schon lange wartete er auf eine Gelegenheit, sich beim König zu rächen, denn dieser hatte seinerzeit ein Gesuch des Herzogs abgelehnt, seinen Neffen aus dem Kerker zu entlassen.
Der Neffe sollte angeblich vor Jahren an der Mordtat beteiligt gewesen sein, bei der der jüngste Sohn des Königs ermordet worden war. Das war aber nicht nachzuweisen und wurde auch vom Neffen energisch bestritten. Auch das Hardengericht hatte den Neffen freigesprochen, aber der König wollte das Urteil nicht bestätigen. Nun war es soweit.
Der Herzog hatte sich mit einer Schar Soldaten in einem Wald vor Bollersleben versteckt. Als der König mit seinem kleinen Gefolge den nahen Wald entlanggeritten kam, brach der Herzog mit seinen Soldaten aus seinem Versteck hervor und versperrte den Weg. Der König erkannte die Gefahr, aber er sah keine Möglichkeit mehr, ungeschoren zu entkommen.
Plötzlich schrie ein Knappe aus seinem Gefolge: „Hier entlang, Majestät!" Er warf sein Pferd herum und galoppierte über die Wiesen auf den Hof „Friplov" zu, der nur wenige

Meilen entfernt lag. Der König und die übrigen aus seinem Gefolge folgten dem Knappen, und sie kamen unangefochten zum Hof. Der Hofbesitzer von „Friplov" hatte die Gefahr erkannt, in der sich der König befand. Er war dem König treu ergeben, bat ihn in sein Haus und versteckte ihn. Dann gab er den Leuten aus dem königlichen Gefolge alte Gewänder, damit sie sich verkleideten und ließ sie bewaffnet vor den Hof treten.

Der Herzog hatte den Hof umstellen lassen und forderte den König auf, sofort herauszukommen. Eiligst steckte der Hofbesitzer den König in einen alten Sack, stopfte um ihn herum Heu, und trug ihn so hinaus und durch die feindlichen Wachen, ohne bemerkt und beachtet zu werden.

Der Herzog allerdings hatte den Hofbesitzer bemerkt, aber er hatte ihn nicht erkannt, denn auch dieser hatte sich verkleidet. Erst Stunden später entdeckte er diese verwegene Tat, als es zu spät war. Sofort ließ er den Hof „Friplov" von seinen Soldaten besetzen, nahm die Knappen des Königs gefangen und schwor nun auch dem Hofbesitzer bittere Rache. Dieser aber war längst mit dem König fortgeritten. Sie erreichten unbehelligt des Königs Schloß, aber was sollte nun geschehen?

Der Hofbesitzer konnte nicht auf seinen Hof zurück, daher bat er den König um Hilfe, die dieser dankbar gewährte. Er entsandte eine große Schar Soldaten zum Hof, die diesen nach kurzem Gefecht befreiten. Die Soldaten des Herzogs waren weit unterlegen und wurden alle getötet.

Der Herzog selbst konnte im letzten Augenblick entkommen und ritt außer Landes, wo er Jahre später einsam und arm gestorben ist, denn er hatte in der Eile weder Gold noch Geld mitnehmen können.

(Nordschleswig)

Der entweihte Taufstein

Nicht weit vom Dorf Gramm lag in früherer Zeit die St. Theokari-Kirche. Wie die Leute von Gramm erzählten, verfiel die Kirche immer mehr, denn niemand hatte das Geld, sie zu restaurieren. Auch waren die Leute von Gramm nicht so überzeugte Christen, daß sie selbst Hand anlegten, um die Schäden an dem Gebäude zu reparieren, wenn sie auch keine Unchristen waren. Eines Tages wurde daher die Kirche abgerissen. Der wunderschöne Taufstein aus der Kirche wurde vorher in Sicherheit gebracht, er kam auf den Hof Nübel. Der Besitzer des Hofes wußte nicht, wo er den Taufstein lassen sollte. Daher benutzte er ihn als Hundetrog für die Fütterung seiner vielen Hunde, die er zur Jagd brauchte. Ihm war nicht bewußt, daß er damit den Stein entehrte. Für ihn war es nur ein Stein. Aber die Hunde, die aus dem Trog fraßen, bekamen alle Tollwut. Erst jetzt wurde dem Hofbesitzer klar, was er angerichtet hatte. Aber nun war es zu spät, seine wertvollen Hunde waren tot. Die Leute aus Gramm sahen das als Strafe für die Verunehrung des Taufsteines. Eines Nachts brachen sie auf, holten den Stein und brachten ihn zum Kirchhof zurück.
(Nordschleswig)

Der Herzog und der Priester

Herzog Friedrich war der letzte Nachkomme seines Geschlechts. Er verstarb 1659 in seinem kleinen Schloß in Norburg auf der Insel Alsen in Nordschleswig. An einem kalten ersten Februar hatte der Herzog eine Treibjagd in seinen Wäldern angesetzt. Als Treiber wurden alle jungen Männer aus

dem nahen Dorf Svenstrup bestellt. Dieser Februartag — es war ein Mittwoch — war aber ein Bettag. Im Namen des Königs bestimmte der Priester aus Svenstrup daher, daß die Treiber der Jagd fernzubleiben hätten. Der Priester war ein großer, starker Mann, daher folgten die Treiber seiner Anordnung. Der Gottesmann fühlte sich sicher und verspürte keine Angst, dem Herzog entgegenzutreten. Aufgrund einer Abmachung stand die Kirche von Alsen unter dem persönlichen Schutz des Königs. Der Herzog stand mit seinem Gefolge auf dem Schloßplatz bereit, aber die Treiber fanden sich nicht ein. Da geriet er außer sich vor Wut und ritt mit einigen Knappen zum Pastorenhaus nach Svenstrup, denn ihm war gemeldet worden, daß der Priester die Treiber zurückhielt. Daß der Pastor ihm einen Streich gespielt hatte, das empfand er als Angriff auf seine Ehre. Der Priester kam dem Herzog vor seinem Haus entgegen und grüßte ihn ehrerbietig. Dieser war von seinem Pferd gesprungen, ging auf den Priester zu und wollte mit einem Knüppel zuschlagen. Da ergriff der Priester geistesgegenwärtig den langen Bart des Herzogs und hielt ihn sich mit aller Kraft vom Leibe. Die Knappen halfen ihrem Herrn nicht, denn sie fürchteten die Strafe Gottes. Schließlich gelang es dem Herzog, sich aus dem starken Griff des Priesters zu befreien. Er bestieg sein Pferd und ritt mit seinen Knappen grußlos davon. Er wollte sich über den Priester beim König beschweren, aber der König wußte nicht, was er tun konnte. Da aber der Herzog von hohem Stand war und gewisse königliche Rechte besaß, wollte er ihm helfen. Daher entschied er mehr gegen seinen Willen, daß der Priester sein Amt aufzugeben hätte. Aber schon kurze Zeit darauf bekam der Priester auf königliche Anordnung eine größere Pfarrei zugewiesen.
(Nordschleswig)

K. Andersen
85

Neujahrsnacht

Der alte Graf Schack aus Gramm in Nordschleswig hatte zwei Söhne. Der ältere liebte die schöne Tochter des Müllers aus dem Dorf und wollte sie gerne heiraten. Aber solange Graf Schack lebte, wollte er seinem Sohn diese Hochzeit nicht erlauben, denn die Müllerstochter war von niederem Stand. Nun erzählte man dem Grafensohn, daß einer, den man sich tot wünsche, sterben würde, wenn man um Mitternacht zwischen dem alten und neuen Jahr in der Stammgruft der Familie Schack beten würde. In seiner Verzweiflung ging der Sohn in der Neujahrsnacht zur Stammgruft. Er betete in der Hoffnung, seinen Vater in die Gruft sinken zu sehen.

Als es aber von der Turmuhr zwölf schlug, hörte der Sohn draußen auf dem Kirchhof ein Geräusch. Er ging hinaus, um nachzusehen. Aber, was war das? Vor Entsetzen erstarrte er und stand bewegungslos da. Vor ihm stand seine Braut, die Müllerstochter! Sie trug einen weißen Sterbekittel und ging zu einem offenen Grab, in das sie sich hineinlegte. Der Sohn des Grafen folgte ihr und näherte sich vorsichtig dem Grabe. Seine schöne Braut lag da mit geschlossenen Augen und rührte sich nicht. Er strich ihr durch das blonde Haar und fühlte an der Kälte ihrer Haut, daß sie tot war.

Schweren Schrittes und mit tränengefüllten Augen ging er zurück in das gräfliche Schloß. Er schlich sich in sein Zimmer, warf sich auf sein Lager und ließ seiner Verzweiflung freien Lauf. Viele Tage und Nächte weinte und weinte der junge Grafensohn. Aber dann besann er sich. Er wollte seine Braut rächen, nur wie, das wußte er nicht. Ihm war klar, daß sein Vater der Mörder war, auch wenn er nicht selber Hand

angelegt hatte. Traurig und in tiefe Nachdenklichkeit versunken wurde er schwermütig, und eines Tages nahm er sich das Leben.
(Nordschleswig)

Die Alsinger Strandwache

In Dänemark trat 1588 ein Thronwechsel ein. Auf König Friedrich II. folgte sein unmündiger Sohn Christian IV. 1593 wurde er dann für volljährig erklärt. Er bestätigte die Privilegien und empfing die Huldigung der Stände. Zu jener Zeit bestanden Zwistigkeiten zwischen den Dänen und den Schweden, und die Dänen befürchteten, daß die Schweden nach Dänemark übersetzen würden. Daher überzeugte sich Christian IV. persönlich, ob die Küste gegenüber Schweden auch gut genug bewacht wurde. Als er einmal in die Stadt Odensee kam, wurde ihm erzählt, wie eifrig seine Soldaten auf der Insel Alsen Wache hielten. Die Hauptwache befand sich bei der Kirche zu Lysabbel, von wo die Küste gut zu übersehen war. Ein Junker aus der Heerschar aber war nicht von der Wachsamkeit seiner Soldaten überzeugt. Er meldete sich beim König und erdreistete sich, mit ihm eine Wette einzugehen. Er wollte dem König beweisen, daß man innerhalb von vierundzwanzig Stunden mit Soldaten von See her unbemerkt die Insel Alsen betreten könne. Der König willigte ein und wollte dem Junker einen Bauernhof schenken, wenn er es schaffen würde. Verlor der Junker aber, dann müsse er dem König Sonderdienste leisten ohne Besoldung, und das ein Jahr lang. Christian IV. schloß nicht zuletzt deshalb die Wette ab, weil er sich davon überzeugen wollte, ob die Alsinger tatsächlich so gut wachten.

In einer dunklen Nacht fuhr der Junker mit einigen Knappen mit einem Boot hinaus auf See. Er konnte sich unbemerkt von der Küste entfernen und steuerte den nahegelegenen Hafen von Mummark auf der Insel Alsen an. Vorsichtig näherten sie sich dem Hafen, gingen an Land und schlichen sich den Berg hinauf zur Kirche von Lysabbel. Längst hatten ihn die Alsinger Wächter bemerkt, aber zunächst ließen sie den Junker mit seinen Knappen näher herankommen. Dann aber sprangen sie auf und stürmten der kleinen Heerschar entgegen. Es gelang ihnen allerdings nicht, den Junker und seine Knappen zu fassen, denn diese hatten damit gerechnet, daß sie angegriffen würden. In wilder Eile flohen sie, und versuchten, das rettende Boot im Hafen zu erreichen. Aber die Verfolger waren schneller und erschlugen den Junker und seine Knappen, denn sie wußten ja nicht, daß sie keine Schweden vor sich hatten. Der König verzieh ihnen, weil diese Tat ein großer Beweis ihrer Aufmerksamkeit war. Er hatte die Wette gewonnen, aber er schwor sich, niemals wieder zu wetten, denn er konnte es sich nicht leisten, so tapfere Soldaten zu verlieren, wie es der Junker und seine Knappen gewesen waren. Auch die Schweden hörten von dieser Wette und mußten einsehen, daß eine Landung an der Küste der Dänen nicht erfolgreich sein konnte.
(Nordschleswig)

Wenn Kinder weinen in der Nacht

Man erzählte sich, daß in grauer Vorzeit zwischen den kleinen Dörfern Alsleben und Mollerup in Nordschleswig auf freiem Feld ein großer Schatz vergraben worden war. Niemand wußte, wer den Schatz versteckt hatte und auch der Ort, wo er liegen sollte, war nicht bekannt. Besonders an langen Wintertagen, wenn die Leute wenig Arbeit hatten, erzählte man sich viele Geschichten über den Schatz und stellte Vermutungen an, wo man ihn vielleicht finden könnte. Im Laufe der Zeit wurden aus Vermutungen genauere Ortsbezeichnungen. Daher versuchten es einige Leute immer wieder, durch Grabungen auf den geheimnisvollen Schatz zu stoßen; ihre Mühe war jedoch stets vergeblich. Eines Nachts aber begaben sich vier junge Männer aus dem Dorf Ries auf Schatzsuche. Es war eine stürmische und kalte Nacht. Die vier Männer fürchteten sich, denn sie fühlten sich beobachtet. Hin und wieder glaubten sie kleine Geister vor sich zu sehen, die ihnen den Weg versperren wollten. Aber sie überwanden ihre Furcht und kamen schließlich um Mitternacht an den Ort, wo sie den Schatz vermuteten. Der jüngste der Schatzsucher sollte sich abseits stellen und die Umgebung beobachten, denn man wollte die Gewißheit haben, daß man allein war. Er legte sich hinter einen Wall, um sich gegen den kalten Wind zu schützen. Es war nichts mehr von den Geistern zu sehen, daher konnten die anderen ungestört mit der Arbeit beginnen. Sie gruben und gruben, aber es kam kein Schatz zum Vorschein. Wenn sie glaubten, auf einen harten Gegenstand gestoßen zu sein, dann war es nur ein Stein. Endlich aber hatten sie Glück! Nach über einer Stunde harter Arbeit stießen sie auf einen eisernen Kessel. Sie wollten den Kessel heben, als der wachhabende junge Mann lautes Kinderweinen hörte. Er rief seine Freunde, doch schnell zu ihm zu kommen, damit auch sie sich davon überzeugen konnten, aber jene lachten nur und nannten ihn einen Angsthasen, der sich vor den kleinen Geistern fürchtete. Weil er aber immer lauter nach ihnen rief und seine Stimme schon weinerlich klang, gingen sie endlich zu ihm. Ängstlich zusammengekauert lag er

hinter dem Wall und sagte: „Laßt mich gehen! Ich verzichte auf meinen Anteil, denn ich will nicht, daß Kinder darüber weinen, wenn wir den Schatz heben!" Die drei Gefährten horchten in die Nacht hinaus, doch sie hörten nichts als das Singen des Windes. Sie beruhigten ihren Freund, der nun mit ihnen zu der Stelle ging, wo sie den eisernen Kessel gefunden hatten. Sie sprangen in die Grube, um den Kessel herauszuheben, aber, was war das? Der Kessel war verschwunden! Eilig suchten sie die Umgebung ab, doch es fand sich nichts. Von Angst gepackt warfen sie ihre Schaufeln fort und rannten davon. Immer wieder soll an dieser Stelle nach dem Schatz gesucht worden sein, aber bis heute ist er nicht gefunden worden.
(Nordschleswig)

Der folgenschwere Tausch

Es lebten einmal zwei junge Eheleute, die waren etwa zwei Jahre verheiratet. Der junge Mann war Landarbeiter auf einem nahen Bauernhof und mußte jeden Tag schwere Feldarbeit verrichten, damit sie genug Geld bekamen und gut leben konnten. Auch die junge Frau hatte im Hausstand genug Arbeit, aber sie fühlte sich nicht ausgelastet und war nicht zufrieden. Sie glaubte, ihr Mann hätte es doch viel besser mit seiner Arbeit. Er aber meinte, sie hätte es besser, weil sie doch nicht so schwer arbeiten müsse wie er.
Eines Tages, als der junge Mann müde von der Arbeit heimkehrte, sagte sie zu ihm: „Laß uns einmal tauschen mit der Arbeit. Du bleibst zu Hause und paßt auf Haus und Kinder auf. Ich will dann aufs Feld gehen und deine Arbeit tun." Der junge Mann war einverstanden. Seine Frau erklärte ihm nun, was er

was er alles zu tun hatte und sagte: „Zuerst mußt du Butter schlagen. Dann mußt du die Butter in kaltem Wasser kühlen und waschen. Wenn das Kind weint, mußt du es aufnehmen und füttern.“ „Ist das alles?“, fragte der junge Mann, „damit werde ich leicht fertig.“ Die Frau ging aufs Feld.
Er tat, was ihm seine Frau gesagt hatte. Er schlug die Butter, kühlte und wusch sie. Alles ging recht gut, aber da fing das Kind an zu weinen. Erst wollte er hinaus zum Brunnen, um frisches Wasser für das Kühlen der Butter zu holen, aber er konnte das Kind ja nicht liegen lassen, denn es weinte sehr. Daher band er sich die Wiege auf den Rücken, in die er das Kind hineinlegte und ging zum Brunnen. Er bückte sich, um Wasser zu schöpfen, aber da fiel plötzlich das Kind aus der Wiege in den Brunnen und ertrank. Da der Brunnen sehr tief war, konnte er das Kind nicht rechtzeitig bergen.
Die Angst vor seiner Frau, die bald heimkommen würde, saß ihm im Nacken, denn er hatte das Essen noch nicht zubereitet. Er sollte Biersuppe kochen und Pfannkuchen backen. Er ging schnell in den Keller, um das Bier aus dem Faß zu holen. Der Hund wollte mit ihm in den Keller, und lief ihm immer vor die Füße. Der junge Mann nahm in seiner Wut einen Strick und band den Hund am Bierhahn fest. Dann zapfte er Bier ab und ging wieder nach oben.
Dem Hund wurde es im Keller zu langweilig. Er zog und zog am Strick, bis der Bierhahn aus dem Faß flog. Dann rannte er die Stiegen zu seinem Herrn hinauf und bellte. Es mußte etwas geschehen sein, meinte der junge Mann und sah in den Keller. Das Bier war ausgelaufen und überschwemmte den Kellerboden. Schnell eilte er auf den Boden, um einen Sack Mehl herunterzuholen. Damit wollte er das Bier binden, aber es wurde ein zäher Kleister. Der junge Mann geriet immer mehr

in Wut und lief hinaus in den Stall. Da saß eine Gans auf ihrem Nest und brütete ihre Eier. Als er dicht an ihr vorüberlief, gägte sie ihn an und wollte ihm ins Hosenbein beißen. Darüber wurde der junge Mann noch zorniger, denn er meinte, daß die Gans ihn zum Narren halten wollte. Er griff die Gans, nahm sie vom Nest und drehte ihr den Hals um. Aber endlich sah er doch ein, daß er nun wohl zu weit gegangen war, und es tat ihm leid, denn jetzt bekam er keine kleinen Gänseküken. Was sollte er tun? Da kam ihm eine absonderliche Idee.
Er setzte sich selbst auf das Nest, um die Eier auszubrüten. Bald sah er aber ein, daß das wohl wenig Sinn haben würde, und er gab es auf. Inzwischen war seine Frau vom Feld zurückgekommen und fragte ihn, wie es ihm ergangen sei. Der junge Mann war verzweifelt.
Er hatte große Angst, seiner Frau die Wahrheit zu sagen, aber dann beruhigte er sich, faßte allen Mut zusammen und sagte: „Mir ging es sehr schlecht mit der Arbeit, denn ich hatte nur Pech. Das Bier ist aus dem Faß in den Keller gelaufen. Als ich versuchte, es mit Mehl zu binden, da wurde es ein zäher Kleister. Ja, und der Gans habe ich aus lauter Ärger den Hals umgedreht, denn die gägte mich narrend an. Aber das Schlimmste ist, als ich Wasser aus dem Brunnen schöpfen wollte, da fiel mir unser Kind aus der Wiege in den Brunnen. Ich wollte es retten, aber der Brunnen ist zu eng. Unser Kind ist ertrunken."
Die junge Frau konnte es nicht fassen. Sprachlos starrte sie ihren Mann an, dann weinte sie bitterlich. Alles hätte sie ihrem Mann verzeihen können, aber der Tod des Kindes war zu viel für sie gewesen. Tagelang verkroch sie sich im Haus und ließ sich nicht sehen. Dann endlich packte sie ihre Sachen und verließ ihren Mann, für immer.
(Nordschleswig)

Ritter Kragh und Jörn Wildswien

Unweit der westlichen Heerstraße lag in den Sandbergen nahe dem Dorf Fröslev auf dem Geestrücken Nordschleswigs bis in die mittelalterliche Zeit ein wunderschönes Schloß. Hier wohnten der gefürchtete Ritter Kragh und sein Junker Jörn Wildswien. Sie waren Raubritter, die gemeinsam mit einer Horde roher Knechte die Umgebung ihres Schlosses unsicher machten. Auf ihren Raubzügen machten sie reiche Beute. Sie überfielen Handelszüge, die auf dem Heerweg von Norden nach Süden zogen. Der westliche Heerweg war neben dem östlichen Heerweg die einzige Nord-Süd-Verbindung zwischen Skagen im hohen Norden Dänemarks bis an die Elbe. Die Raubritter überfielen aber auch Siedlungen und Häfen. Selbst die in ihrer Nachbarschaft gelegenen Höfe Kraghlundhof und Schütterhaus blieben nicht verschont. Die Siedler wollten aber trotz aller Not ihre Höfe nicht verlassen. Die Tochter des Bauern von Schütterhaus war seit langem mit dem Sohn des Bauern von Kraghlundhof verlobt. Es war ausgemacht, daß die Brautleute bald in der Kirche zu Bau getraut werden sollten. Am Hochzeitstag fuhren die Brautleute und die Hochzeitsgäste mit Pferd und Wagen durch die Sandberge nahe dem Eichenwald zur Kirche. Die Pferde mußten sich tüchtig ins Geschirr legen, um die vollbesetzten Wagen durch den tiefen Sand zu ziehen. Die wehrfähigen Angehörigen der Brautleute ritten, mit Knüppeln bewaffnet, zu beiden Seiten des Hochzeitszuges. Dem Ritter Kragh aber, der die junge Braut auch liebte, war zu Ohren gekommen, daß sie nun den Erben von Kraghlundhof heiraten wolle. Kragh verkleidete sich als harmloser Reiter und ritt dem Brautwagen auf halbem Wege entgegen. Er tat so, als wenn er nur seine Aufwartung machen wollte.

Niemand aus der Hochzeitsgesellschaft erkannte ihn. In dem Augenblick, als er sein Barett zum Gruße zog, stürmten Junker Wildswien und die Knechte aus dem Eichenkratt hervor, überwältigten die Angehörigen, nahmen die Braut und vier Brautjungfern als Gefangene und zogen sich mit lautem Gelächter auf das Schloß zurück. Hier versuchte Ritter Kragh durch Aufmerksamkeiten und Freundlichkeiten die Liebe der geraubten Braut zu erlangen. Aber er stieß bei der Gefangenen auf harte Ablehnung. Sie sagte ihm, daß sie keinen Räuber und Plünderer heiraten wolle und auch bereits versprochen sei. Da wurde Ritter Kragh sehr böse. Er trennte die Braut von ihren Jungfern, sperrte sie in ein Verlies und peinigte sie, wo und wann er es nur konnte. Er erzählte ihr, daß er ihren Bräutigam, der versucht hatte, sie zu befreien, verprügelt habe. Beim nächsten Befreiungsversuch wolle er ihn in ein Verlies sperren, aus dem er niemals mehr herauskommen würde. Trotz der Bedrohung des Ritters versuchte der Sohn vom Kraghlundhof nochmals, seine geraubte Braut zu befreien. Er wurde aber von den Schloßwachen überrascht und erschlagen. Die gefangene Braut, die dieses Greuel von ihrem Turmverlies mit angesehen hatte, stürzte sich in die Tiefe und war sofort tot. Ritter Kragh, den man vom Tod des Brautpaares unterrichtet hatte, ging zu der toten Braut und sagte: „Du Närrin! Lieber wolltest du sterben, als meine Frau zu werden!" Bald kam ein schweres Gewitter auf. Mit einem heftigen Knall schlug ein Blitz in das Schloß ein, das bald in Flammen stand. Alles brannte ab, auch die nahegelegenen Wälder. Ritter Kragh und seine Knechte versuchten zu retten, was zu retten war, aber sie kamen dabei in den Flammen um. Nur die vier Brautjungfern kamen wie durch ein Wunder mit dem Leben davon. Als der Blitz in das Schloß einschlug, wuschen sie gerade Wäsche im Burggraben.

In dem wilden Durcheinander, das nun folgte, konnten sie zum anderen Ufer des Burggrabens schwimmen und waren frei. (Nordschleswig)

Der Schwanenritter

Vor langen, langen Jahren lebte ein großer König, der sein Land klug und weise regierte. Kein Krieg verwüstete je das Reich. Seine Untertanen lebten in Frieden und Wohlstand und verehrten ihren König. Der aber war nicht glücklich. Schon vor vielen Jahren war die Königin gestorben, und er hatte keinen Sohn, der nach ihm die Geschicke des Landes in seinem Sinne hätte lenken können. Aber seine Tochter lebte mit ihm in dem herrlichen Schloß, ein wunderschönes Mädchen, das dem alten König hätte eine Freude sein können, wenn es nicht so stolz, hartherzig und übermütig gewesen wäre.
Viele junge Prinzen kamen an den Hof des Königs, weil sie von der Schönheit der Königstochter gehört hatten. Sie versuchten alle, das Herz der stolzen Prinzessin für sich zu gewinnen, sie zu heiraten und, wenn der König einmal zu alt für seine Regierungsgeschäfte geworden war, das blühende Reich zu lenken. Aber alle Freier wurden von der hochmütigen Prinzessin mit Ablehnung und Spott bedacht. Der eine war ihr nicht schön genug, und sie sah nicht sein gütiges Herz. Ein anderer war ihr zu alt, und sie sah nicht seine Weisheit und seinen Verstand. Ein dritter war ihr zu klein, und sie erkannte nicht seine Stärke, die ihn zu einem großen Regenten gemacht hätte.
So vergingen die Jahre, und der König sorgte sich um seine Tochter und um sein Reich. Da kam eines Tages aus einem fernen, reichen Land ein junger König an den Hof gereist.

Der bat die Königstochter nicht um ihre Hand, sondern er sagte: „Wenn du mich zum Gemahl haben willst, dann gib mir einen Streiter. Mit der Waffe in der Hand will ich um dich kämpfen. Verliert mein Gegner diesen Kampf, dann wirst du meine Gemahlin sein!" Dann nahm er lachend Abschied von ihr und ließ sie mit ihren Überlegungen allein. Die Prinzessin war ratlos und unsicher, aber auch seltsam froh bei dem Gedanken, daß ein Mann mit der Waffe um sie kämpfen wollte. Aber würde der Sieg des jungen Königs ihr Glück bedeuten? Im ganzen Land suchte sie nach einem starken Streiter, fand aber keinen, der bereit gewesen wäre zu solch einem Kampf. Am Tage des Wettstreites stand sie ratlos und weinend da. Da kam auf dem nahen Fluß ein Boot auf das Schloß zu, gezogen von einem starken, weißen Schwan. In dem Boot saß ein wunderschöner Jüngling in glänzender Rüstung.

Er sah genau so aus, wie die Prinzessin sich ihren Gemahl insgeheim immer erträumt hatte. Das Boot hielt an, der Jüngling betrat das Ufer und ging in das Schloß. Er erzählte allen, daß er gekommen sei, um die Prinzessin zu erlösen. Der junge König aus dem fernen Land und der Schwanenritter traten zum Wettstreit an, aber die Prinzessin hatte keine Angst um ihren Schwanenritter, da sie wußte, daß er die größere Kraft hatte, denn er kämpfte, weil er sie liebte. Als der Schwanenritter nach langem, hartem Kampf den jungen König bezwungen hatte, ging er der Prinzessin entgegen, und sie umarmten einander. Die Hochzeit wurde im ganzen Land gefeiert.

Der gütige alte König war froh und konnte geduldig und zufrieden auf sein Ende warten. Nach seinem Tode wurde der Schwanenritter zum König gekrönt und lebte glücklich mit seiner Gemahlin bis ans Ende ihrer Tage.

(Nordschleswig)

Drei Brüder reisen um die Welt

Es waren einmal drei Brüder, die wanderten hinaus in die Welt und hatten sich versprochen, nach einem Jahr zu ihrem Vater zurückzukehren, und ihm zu zeigen, wer von ihnen das meiste Geld verdient hatte. Die Gebrüder Peter und Paul zogen gemeinsam fort, aber ihr Bruder Hans wollte lieber allein wandern. Er war schon immer ein Einzelgänger gewesen. Viele Monate waren Peter und Paul unterwegs, aber sie erlebten nichts und verdienten auch nur so viel Geld, daß sie eben davon leben konnten.

Hans kam schon nach wenigen Tagen durch einen tiefen Wald, wo auf einer Schneise ein kleines, strohgedecktes Haus stand. Er sah durch die Fenster Licht und blickte hinein. In der kleinen Wohnstube stand auf dem Tisch eine große Schüssel mit dampfender Suppe. Drei Teller mit Silberbesteck waren gedeckt. Aber Hans konnte keinen Menschen sehen. Er ging durch die geöffnete Haustür und schaute in alle Zimmer, aber es war niemand da. Hans war sehr sehr hungrig. Die dampfende Suppe roch gut, und so setzte er sich zu Tisch und ließ sich die Suppe gut schmecken. Er leerte die Schüssel fast bis auf den Grund. Dann überkam ihn eine schwere Müdigkeit. Damit er ungestört schlafen konnte, legte er sich in eine Truhe, die in der Ecke des Zimmers stand. Den Deckel der Truhe klappte er über sich zu.

Um Mitternacht kamen drei Männer ins Haus. Hans hatte sie kommen hören und konnte sie durch einen Schlitz sehen. Die Männer setzten sich an den Tisch und löffelten den Rest der Suppe. Sie unterhielten sich, und Hans konnte alles deutlich verstehen. Der eine sagte: „In der Stadt haben sie nun viele Jahre gegraben und können kein Wasser finden!"

„Ja", sagte der andere, „dagegen weiß ich einen Rat. Mitten auf dem Marktplatz liegt ein vierkantiger Stein. Sobald er herausgehoben wird, kommt aus dem Loch Wasser!"
Der andere erzählte dann: „Ja, und das mit der Tochter des Königs ist doch traurig. Sie ist blind, und kein Arzt kann ihr helfen. Der König hat demjenigen viel Geld versprochen, der sie wieder sehend machen kann." Der andere wußte wieder Rat und sagte: „Unter der Bodentreppe im Schloß liegt ein Bündel Haare. Damit soll man ihr die Augen ausreiben, dann wird sie wieder sehen können." Hans hörte sie jetzt nicht mehr miteinander sprechen, aber er hatte sich alles gemerkt. Die drei Männer erhoben sich und verschwanden so plötzlich, wie sie gekommen waren. Es war schon hell geworden, und Hans kroch aus seiner Truhe, um seinen Wanderweg fortzusetzen. Er suchte zunächst die Stadt, wo man kein Wasser hatte. Er fand sie, ging in ein Haus und bat um etwas Wasser. „Wir haben seit Jahren kein Wasser mehr und werden bald verdursten", sagte die Frau. „Was wollt ihr mir geben, wenn ich euch Wasser verschaffe?" fragte Hans. Die Frau antwortete: „Der Bürgermeister hat demjenigen, der Wasser besorgen kann, viel Geld versprochen." Hans ging zum Marktplatz und suchte den vierkantigen Stein. Er fand ihn kurz vor dem versiegten Brunnen. Als er den Stein anhob, schoß plötzlich eine riesige Wasserfontäne in den Himmel. Viele Menschen kamen herbei und jubelten ihm zu. Auch der Bürgermeister war da und übergab ihm einen kleinen Geldsack mit vielen Goldmünzen. Hans bedankte sich und zog weiter. Viele Monate später kam er zu einem Schloß. Er erkundigte sich, ob hier die blinde Tochter des Königs wohne. Als die Leute dies bejahten, ließ Hans sich beim König melden. Er stellte sich dem König als Augenarzt vor. „Ich gebe dir viel Geld und meine Tochter zur Frau, wenn

du sie heilen kannst", sagte der König. Hans suchte die besagte Treppe und fand dort das Bündel Haare. Schnell ließ er sich eine Schüssel Wasser bringen. Er legte die Haare hinein, damit die geschmeidig wurden und strich damit der Königstochter über ihre Augen. Die Königstochter stand auf und rief laut: „Vater! — Vater! — Ich kann dich sehen! — Ich kann dich sehen!" Der König hielt sein Versprechen, und seine Tochter war auch gerne bereit, ihren Retter zu heiraten, denn Hans war ein hübscher, starker Jüngling mit wettergebräuntem Gesicht. Ein großes Fest wurde veranstaltet. Die Leute im Dorf hatten den König niemals so lachen sehen, wie an diesem Tage. Zu den Goldmünzen gab der König Hans noch eine prunkvolle Droschke. Am nächsten Tag packte das junge Paar seine Sachen und reiste ab. Sie fuhren zum Vater des jungen Ehemannes. Dessen Brüder Peter und Paul waren schon vorher heimgekommen. Aber sie waren genau so arm wie vorher und hatten dem Vater nichts mitbringen können. Als Hans mit der vierspännigen Kutsche und der Königstochter im Arm vor das Haus fuhr, da staunten sie über ihren kleinen Bruder, der immer so für sich allein und so schüchtern gewesen war. Hans erzählte ihnen seine Erlebnisse. Da brachen die Brüder sofort auf, um auch das Haus im Wald zu suchen. Sie fanden es auch und gingen hinein. Die dampfende Suppe stand auf dem Tisch wie damals. Peter und Paul waren so hungrig, daß sie wild und ohne zu genießen die Suppe restlos hinunterschlangen. Dann legten sie sich in die Truhe, die Hans ihnen beschrieben hatte. Um Mitternacht kamen wieder die drei Männer und sahen, daß die Suppe schon gänzlich aufgegessen war. Ärgerlich durchsuchten sie alle Zimmer und fanden Peter und Paul in der Truhe. Sie zerrten die beiden hervor und warfen sie hinaus in den dunklen Wald. Dann verschwanden sie. Peter und Paul

wußten nicht, wo sie waren. Plötzlich funkelten vor ihnen kleine Punkte auf. „Das sind Wölfe", schrie Peter. Schon stürzten sich die Wölfe auf die beiden, und nur mit Mühe konnten sie in letzter Sekunde auf einen Baum fliehen. Dort saßen sie bis zum Morgengrauen und wagten sich dann erst zerschunden und zerrissen wieder nach Hause.
(Nordschleswig)

Der Musiker und der Wolf

Es war eine von den Nächten, in denen man lieber zu Hause am warmen Herdfeuer saß, als auch nur einen Schritt vor die Tür zu tun. Der Wind heulte und pfiff über das weite Land der sandigen Geest, bog die Baumwipfel tief herab und jagte schwarze Wolkenfetzen über den Nachthimmel. In ihren einsamstehenden Häusern lauschten die Menschen dem Toben und fragten sich bang, ob es nur das Heulen des Windes sei oder ob ein Wolfsrudel durch die Nacht schlich, denn es gab zu der Zeit noch viele Wölfe im Land. In dieser Nacht nun strebte ein einsamer Mann seinem Ziele zu. Unter dem Arm preßte er einen schwarzen Kasten an sich, darin lag eine Geige. Er war Musiker und hatte auf einer Hochzeit in Haistrup zum Tanze gespielt. So schnell er konnte, eilte er seinem Zuhause zu. Trotz des guten Lohnes in der Tasche bewegten ihn keine frohen Gedanken. Die schwarze Nacht und der Wind ängstigten ihn. Er dachte daran, daß immer wieder Wölfe die Gegend unsicher machten. So kam er nichtsahnend an eine Stelle, wo Bauern eine tiefe Grube ausgehoben hatten, um darin Wölfe zu fangen. Der Musiker sah die Gefahr nicht, denn Zweige und Blätter verdeckten das Loch. Er trat darauf, stürzte hinein

Andersen
1985

und bemerkte sofort, daß er nicht allein in der Falle saß. Gelbgrüne Augen funkelten ihn an und aus hochgezogenen Lefzen ließ sich ein drohendes Knurren hören. Ein Wolf saß mit ihm in der Grube. Gelähmt vor Angst kauerte der Musiker auf dem feuchten Boden. Da fiel ihm ein, daß Wölfe, genau wie Hunde, Angst vor Musik haben, weil die Töne ihren empfindlichen Ohren Schmerzen bereiten. Behutsam und vorsichtig öffnete er seinen Geigenkasten, nahm das Instrument heraus und begann all die lustigen Tanzlieder zu spielen, die vor wenigen Stunden noch seine Zuhörer auf der Hochzeit erfreut hatten. Jubelnd und jauchzend kletterten die Geigentöne aus der dunklen Grube in die winddurchtobte Nacht. Er spielte die ganze Nacht hindurch, er spielte um sein Leben. Am Morgen, als sich der Wind gelegt hatte, hörten einige vorübergehende Bauern einen einzigen schrillen Ton. Sie gingen ihm nach, kamen zu der Grube und erschlugen den Wolf, der winselnd in einer Ecke kauerte. Sie befreiten den fast besinnungslosen Musiker, der nur noch auf einer Saite hatte spielen können, die anderen waren verschlissen.
(Nordschleswig)

Der Raubritter Roland

Nicht weit von der Stadt Hadersleben lag auf dem Rolandsberg eine Burg, die dem Raubritter Roland gehörte. Er war ein sehr gefürchteter Mann. Die in seinem Herrschaftsbereich wohnenden Bauern mußten alle Dienste für ihn entrichten, Abgaben zahlen und ihn mit Lebensmitteln versorgen, sonst drohten ihnen harte Strafen. Roland behandelte die Bauern wie Sklaven, aber sie wagten sich nicht zur Wehr zu setzen.

Nicht weit vom Rolandsberg lag eine andere Burg, deren Herr seine Untertanen gut behandelte und der von der Not der Bewohner am Rolandsberg erfahren hatte. Eines Tages forderte er jene auf, sich zusammenzutun und versprach, ihnen zu helfen, den Ritter Roland zu überwältigen. Da man wußte, daß Ritter Roland es liebte, hin und wieder mit seinem goldenen Prachtwagen, der von vier Goldfüchsen in goldenem Geschirr gezogen wurde, auszufahren, wollte man ihn umzingeln und gefangennehmen. Diese Ausfahrten unternahm der Ritter immer ohne Gefolge, und es war daher für die geknechteten Bauern kein großes Wagnis. Man wußte auch, daß Ritter Roland zurück zur Burg immer den Weg zwischen den beiden gefährlichen Mooren nahm, durch die nur ein schmaler Sandweg führte. Nach kurzer Zeit schon ergab sich eine gute Gelegenheit. Die Leute wurden schnell zusammengerufen, und die Schar teilte sich in zwei Gruppen auf. Die eine sollte sich auf der Ostseite des Moores, die andere auf der Westseite verstekken. Als Ritter Roland nun ahnungslos und in Gedanken versunken zwischen den Mooren angefahren kam, stürmten die Leute von beiden Seiten auf ihm zu. Der Ritter erschrak zunächst, aber dann erkannte er die Gefahr und befahl seinem Kutscher, mitten in den Sumpf hineinzufahren. Dorthin würden sie ihm sicher nicht folgen. Der Kutscher schwang gehorsam die Peitsche, und wild galoppierten die Pferde mit der Kutsche in den Sumpf. Aber sie kamen nicht weit, der Wagen blieb stecken. Langsam versanken Pferd und Wagen im Sumpf. Ritter Roland und sein Kutscher sprangen vom Wagen, aber auch sie sanken ein und konnten sich durch eigene Kraft nicht retten. Tatenlos standen die Bewohner am Rande des Moores, aber helfen konnten sie nicht, wollten sie sich nicht auch in Gefahr bringen. Vor ihren Augen versanken Ritter Roland,

sein Kutscher, Pferde und Kutsche im Morast, und nur eine brodelnde und blasende moorige Masse deutete die Stelle des Geschehens an. Die Bewohner hatten sich von nun an nicht mehr vor dem Ritter Roland zu fürchten, aber so richtig froh waren sie nicht über ihre Tat. Später hat man an der Stelle, wo die Kutsche versunken war, einen Brunnen gebaut. Wenn man einen Stein in den Brunnen warf, konnte man hören, wie es klang, wenn der Stein gegen den goldenen Wagen stieß. Das Wasser im Brunnen war niemals ruhig und ununterbrochen stiegen Luftblasen aus der grundlosen Tiefe empor.
(Nordschleswig)

Nis Puk und der König

Nis Puk war ein kleiner Kobold mit kindlichem Wesen und knabenhafter Figur, aber mit einem immer lächelnden alten Gesicht, in dem klare Augen schelmisch blinzelten. Er brachte den Menschen Glück und Wohlstand, wenn er in ihren Häusern wohnen durfte. Er war der gute Hausgeist, den man nicht verärgern oder vertreiben sollte. Meistens polterte er auf den Böden der Häuser herum, um sich bemerkbar zu machen. Die Bewohner mußten ihn regelmäßig mit Milch versorgen, denn die trank er sehr gern. Für die Menschen waren es nicht Katzen, die auf den Böden herumliefen und die Milch tranken, für sie war es der kleine Nisse, wie man ihn auch nannte. Es war einmal ein König, der besaß ein großes Schloß mit ausgedehnten Ländereien. Er war ein guter König und sorgte sich sehr um seine Untertanen. Jeder besaß ein Stück Land, von dem er sich und seine Familie gut ernähren konnte, denn die königlichen Abgaben waren nicht zu hoch. Eines Morgens, nachdem der

König aufgestanden war, erkundigte er sich noch vor dem Frühstück, ob seine Knechte das Vieh und die Pferde schon versorgt und auch nicht vergessen hatten, in die offene Turmluke einen Teller Milch für Nis Puk zu stellen. Nis Puk war der gute Hausgeist, und der König schätzte ihn sehr, denn Nisse sorgte für das Glück und den Wohlstand in seinem Lande. Daher sollte er es gut haben, damit er nicht auf den Gedanken komme, das Schloß und das Land zu verlassen. Niemals hatte der König Nis Puk gesehen oder gesprochen, denn Nisse war sehr scheu und zeigte sich den Menschen nie. Oft sah der König zur Luke hinauf und rief ihn, aber Nisse gab sich nicht zu erkennen. Nur an nebligen und regnerischen Tagen glaubte der König manchmal, Nisse sehen zu können. In jeder Nacht aber hörte er ihn auf dem Boden herumtoben, kichern und lachen. Eines Tages wurde der König sehr krank. Nis Puk hatte schon lange davon gewußt, aber er konnte dem König nicht helfen. Darüber war er so betrübt, daß er die Milch stehenließ und nichts mehr aß. Der König hörte auch nicht mehr die flinken Schritte auf dem Boden und glaubte daher, Nis Puk hätte ihn verlassen. Dieser Kummer machte seine Krankheit noch schlimmer, und schließlich starb er.

Jetzt kam der Sohn des Königs auf den Thron. Die Menschen mochten ihn nicht, ja sie fürchteten ihn. Er war ein Antreiber und nutzte sie aus, wo er nur konnte. Jetzt hatte er die Macht im Lande und erhöhte zuerst die Abgaben der Bauern. Er wollte das Schloß zu einem Prunkschloß umbauen und brauchte daher sehr viel Geld. Für Nis Puk durfte keine Milch mehr hingestellt werden, denn das wurde dem König zu teuer. Außerdem glaubte er nicht an Nis Puk und lachte darüber. Die Turmluke wurde fest verschlossen. Nis Puk saß nun auf dem Boden in einer dunklen Ecke und grübelte darüber, was er

nun machen sollte. Sein Lachen war schon lange verstummt. Dem Verhungern nahe, beschloß er, das Schloß zu verlassen. Er zog zu einem Bauern ins Nachbardorf. Trotz der Armut des Bauern bekam er jeden Tag seine Milch, und eines Tages hörte man ihn wieder auf dem Boden umhergehen und lachen. Der junge König aber hatte inzwischen all sein Geld ausgegeben. Die Bauern konnten ihm auch nichts mehr geben, denn sie waren durch seine Geldgier verarmt. Dazu verwüsteten große Sandstürme das Land, denn die schönen Wälder waren schon lange abgeholzt und verkauft.
Eines Tages ritt der König aus und kam zufällig im Nachbardorf unter der Luke von Nis Puk vorüber. Als Nisse ihn kommen sah, lachte er plötzlich so laut, daß der König erschrak, vom Pferd stürzte und sich das Genick brach. Nis Puk kehrte nun auf das Schloß zurück, denn dort auf dem Boden fühlte er sich besonders wohl. Der neue König war ein gutherziger Mensch und ließ es Nis Puk ebenso wie seinen Untertanen wieder wohlergehen.
(Nordschleswig)

Nis Puk und die schwarzen Pferde

Der gute Hausgeist Nis Puk hatte sich bei einem Bauern im Dorfe Lindewitt auf dem Stallboden ansässig gemacht. Unter ihm im Stall standen zwei prächtige schwarze Pferde, mit denen sich Nis Puk schon angefreundet hatte, denn immer, wenn er Zeit hatte, sauste er zu ihnen hinunter und spielte mit ihnen. Auf dem Hofplatz stand ein großes Hundehaus, vor dem zwei Rüden lagen. Die Hunde mochten den hutzeligen Nis Puk nicht, und verfolgten ihn, wenn er sich nur sehen ließ.

Einmal aber gelang es Nis Puk, sich zum Hundehaus zu schleichen. Er setzte sich auf das Dach, ließ seine Beine herunterbaumeln und machte die Hunde wütend, die aufgesprungen waren und ihn anbellten.
Ein Knecht, der im Stall gearbeitet hatte, hörte das Bellen und ging hinaus. Da sah er Nis Puk auf dem Hundehaus sitzen. Er nahm eine Forke und stach ihn. Nis Puk schrie laut auf, fiel hinunter und lag jetzt vor den Hunden, die sich wütend auf ihn stürzten. Nis Puk erkannte blitzschnell die Gefahr, sprang auf und rannte zurück in den Stall, hinauf auf den Boden. Die Hunde waren ihm nicht gefolgt, denn der Knecht hatte sie zurückgehalten. Dennoch war Nis Puk sehr böse auf ihn und wollte sich an ihm rächen.
Eines Tages hatte er dazu die Gelegenheit. Er hatte gehört, daß der Knecht in der Gastwirtschaft im Dorf saß und sich betrunken hatte. Nis Puk ging hinunter zu den Pferden und bat sie, dem Knecht entgegenzulaufen. Er band sie los, und schnell machten sich die Pferde davon.
Der Knecht hatte inzwischen die Gastwirtschaft verlassen und sich schwankend auf den Heimweg gemacht. Da sah er die beiden schwarzen Pferde auf sich zukommen. Er breitete seine Arme aus und wollte sie greifen, was ihm aber nicht gelang. In seinem Rausch glaubte er jedoch, sicher auf dem Rücken eines Pferdes zu sitzen und schlief ein.
Als er aber am anderen Morgen aufwachte, da fand er sich zu seiner Verwunderung auf zwei schwarzen Torfhaufen im Oxlundmoor wieder. Die beiden Pferde aber waren längst allein in den Stall zurückgekehrt und freuten sich mit Nis Puk über den gelungenen Streich.
(Schleswigsche Geest)

Die Sachsen und die Jüten

Etwa um 800 bis 1000 nach Christi soll die Grenze zwischen Sachsen und Jüten bei Kurburg am Dannewerk, einem Festungswall, entlang verlaufen sein. Die Sachsen siedelten am Süderweg der Festungsanlage, die Jüten am Norderweg. Die Jüten hatten einst den Festungswall gebaut, der noch heute Dannewerk heißt und bei Schleswig noch zu sehen ist. Beide Stämme fochten einmal in einer großen Feldschlacht gegeneinander. Die Jüten zogen einen zusätzlichen Graben vor den Festungswall, um ihn noch besser abzusichern.
Aber die Sachsen überwanden auch diesen Graben und stießen an einer Stelle durch, wo der Wall aus Torfmoor aufgeworfen worden war. Die Sachsen zündeten vor den zurückweichenden Jüten den Torf an und brannten so den Wall nieder. Die Jüten waren nun in großer Bedrängnis. Eilig rafften sie ihre wichtigsten Habseligkeiten zusammen, legten ihre Schätze und ihr Geld in eine große Kiste und zogen sich ins Lürschauer Moor zurück. Die Sachsen folgten ihnen, und es kam erneut zum Kampf. Die Jüten verloren fast ihre gesamte Streitmacht, aber auch die Sachsen hatten große Verluste. Diese zogen sich zurück, um sich neu zu ordnen. Auch die Reste der Jüten sammelten sich und folgten den Sachsen, denen sie nachriefen: „Noch seid ihr nicht an Kropperbusch vorbei!"
Sie schworen Rache, und im dichten Gestrüpp bei Kropperbusch warteten sie auf die Sachsen, die nichtsahnend den Weg entlang kamen. Schreiend und johlend, als handele es sich um eine riesige Streitmacht, stürzten die Jüten aus ihrem Versteck hervor, und wieder entbrannte der Kampf. Hier nun unterlagen die Sachsen, von denen nur ein kleines Häuflein entfliehen konnte. Seit dieser Zeit ist Kropperbusch ein berüchtigter

Platz. Wanderer, die auf dem sandigen Heerweg diesen Ort passierten, erinnerten sich oft an das grauenvolle Gemetzel, das einst hier stattgefunden hatte.
(Schleswigsche Geest)

Der Siegberg

Nachdem Lothar von Sachsen im 12. Jahrhundert zum Kaiser proklamiert worden war, hielt er sich einige Zeit in der damals noch großen und schönen Stadt Bardewyk auf. Eines Tages kam Vizelin, der Apostel der Wenden, zu ihm und erzählte, daß es im Lande Wagrien einen großen Berg gebe, auf dem sich gut eine mächtige Burg bauen ließe, von der aus man das ganze Land zwingen könne, die christliche Lehre anzunehmen. Der Kaiser machte sich mit seinen Befehlshabern und Verwaltern auf den Weg, um diesen Berg, den die Bewohner der Umgebung den „Alberg" nannten, zu besichtigen. Lothar fand, daß der Berg vortrefflich für den Bau einer Festung gelegen war und gab den Befehl, sofort mit den Arbeiten zu beginnen. Bevor der Kaiser den Berg verließ, steckte er ein Siegeszeichen in den Grund und nannte den Berg „Siegberg", nach der Sprache der Sachsen „Segeberg". Später entstand am Berg eine Stadt, die sich noch heute Segeberg nennt.
(Bad Segeberg)

Die Schlacht bei Ellund

Um das Jahr 1777 stritten sich die Leute der nordschleswigschen Dörfer Fröslev und Ellund um den Kirchenweg. Der Fröslever Kirchenweg machte einen weiten Bogen über die Dörfer Padburg, Harrislee und Gottrupel zum Dorf Handewitt, wo die Kirche lag. Da der Weg sehr lang war, wollten die Fröslever über Ellund fahren, aber es gab hier nur einen Steig, keinen Fahrweg. Die Ellunder wollten nicht, daß der Steig als Fahrweg benutzt werde. Sie beschlossen daher, den Fröslevern das Befahren des Steiges zu verleiden.

Als einmal ein Hochzeitszug zur Kirche nach Handewitt wollte und an der Dorfgrenze von Ellund anlangte, wurde er von den Bauern empfangen. Sie forderten den Hochzeitszug auf, sofort umzukehren. Aber die Leute weigerten sich. Daraufhin spannten ihnen die Bauern die Pferde aus und verjagten sie. Das Pferdegeschirr und die Wagendeichsel der Hochzeitskutsche nahmen sie mit nach Ellund und verwahrten sie in einem sicheren Versteck auf Ellund-Hof. Die Brautleute und das Gefolge mußten nun zu Fuß zur Kirche gehen, was ein sehr beschwerlicher Weg war.

Kurz darauf verstarb in Fröslev ein alter Mann, der in Handewitt beerdigt werden sollte. Die Fröslever wollten mit dem Leichenwagen über den näheren Weg fahren, nicht zuletzt um den Ellundern zu beweisen, daß sie es schaffen würden. Sicherheitshalber fuhr aber der Kirchspielvogt vorher zum Amtmann nach Flensburg, um von ihm die Einwilligung zu bekommen, den Steig benutzen zu dürfen.

Der Amtmann aber wollte sich in die Sache nicht einmischen und sah schwierige Rechtsfragen auf sich zukommen. Daher sagte er, daß sich die Leute von Fröslev allein helfen sollten und fragte, ob sie denn keine Knüppel hätten? Das genügte dem Kirchspielvogt. Er rief zu Hause im Dorf seine Leute zusammen und bestimmte, daß alle Männer und Knechte, die einen Knüppel schwingen konnten, sich zur Leichenfolge melden sollten. Die Frauen sollten daheim bleiben.

Am Tage der Beerdigung fuhr aus Fröslev eine große Wagenkolonne ab. Die Ellunder waren wieder auf ihren Posten, auch hatten sie den Weg durch Umpflügen unbefahrbar gemacht. Darüber gerieten die Fröslever in Wut, stürmten mit erhobenen Knüppeln auf die Ellunder ein und es gab eine fürchterliche Prügelei. Die Ellunder waren der Übermacht unterlegen und mußten sich geschlagen geben. An Ort und Stele wurde neu verhandelt. Sofort hatten die Ellunder den Weg wieder befahrbar zu machen und mußten außerdem versprechen, die Fröslever künftig frei und ungehindert über den Steig fahren zu lassen. Was blieb ihnen anderes übrig? Sie willigten ein, denn noch eine Prügelei hätten sie nicht durchstehen können. Die Fröslever fuhren dann noch zum Ellund-Hof, um das Wagengeschirr und die Wagendeichsel zurückzuholen. Es war nur die Frau des Hofbesitzers zugegen, die sich unwissend stellte und angeblich den Schlüssel nicht finden konnte. Als aber die Fröslever ihre Knüppel schwangen, fand sich der Schlüssel zum Schuppen schnell wieder ein, und das einstmals Erbeutete wurde ihnen zurückgegeben.
(Schleswigsche Geest)

Die Müllersfrau von Achtrup

In der Windmühle des Dorfes Achtrup spukte es. Es war Krieg, und der Müller mußte ins Feld ziehen. Der Müllersknecht mußte jetzt die Arbeit allein verrichten. An einem Tag war der Knecht oben auf dem Mühlenboden und kippte das Korn auf den Mühlstein, damit es gemahlen werde. Als er die Stiegen wieder herunterkam, stand unten eine Frau an der Waage. Es war sehr dunkel in der Mühle, denn die kleine

Petroleumlampe gab nicht viel Licht. Daher meinte der Knecht die Müllersfrau an der Waage stehen zu sehen und er fragte sie, was sie denn wolle? Aber die Frau antwortete ihm nicht und war plötzlich verschwunden. Schnell hielt der Knecht die Mühle an und lief hinüber in das Wohnhaus. Er hatte große Angst bekommen, denn er glaubte an einen Spuk. Die Müllersfrau war aber nicht zu Hause. Gern hätte der Knecht von ihr gewußt, ob er sie an der Waage gesehen habe, aber sie war nirgends zu finden. Er setzte sich in die Küche an den Tisch und überlegte, was er tun solle. Zurück in die Mühle traute er sich nicht.
Es war still im Hause; er wurde sehr müde und schlief ein. Als er wieder aufwachte, waren viele Stunden vergangen, aber die Müllersfrau war immer noch nicht zu finden. Dem Knecht kamen große Zweifel. Er fragte sich, ob es mit ihm zu tun haben könne, denn er sei beim Abwiegen des Korns nicht immer ehrlich zu den Leuten gewesen, aber das sei doch im Interesse des Müllers. Sei die Müllersfrau deshalb verschwunden? Bei all seinen Überlegungen wurde es wieder Nacht, und er ging zur Mühle hinüber, um das letzte Korn zu mahlen. Aber, er traute seinen Augen nicht, da stand die Müllersfrau wieder an der Waage und legte einige Gewichte nach, weil es nicht gestimmt hatte, wenn der Knecht es allein tat.
Mutig schritt der Knecht auf die Müllersfrau zu, aber plötzlich war sie wieder verschwunden. Von der Angst gejagt, lief er hinüber in das Haus, holte seine Sachen aus der Kammer und verschwand. Seitdem wurden die Bauern nicht mehr betrogen, wenn sie ihr Korn ablieferten. Die Müllersfrau war wieder zurück und hatte einen neuen Knecht eingestellt, nachdem der alte verschwunden war.
(Schleswigsche Geest)

Die Kirche in Medelby

Die Leute aus den schleswigschen Dörfern Medelby und Holt wollten sich eine Kirche bauen. Die Holter wollten die Kirche in der Nähe ihres Dorfes haben, denselben Wunsch hatten aber auch die Medelbyer. Trotz zäher und langer Verhandlungen konnten sich die Parteien nicht einigen. Daher vereinbarten sie schließlich, zwei Ochsen auf ein Feld zu jagen. Wo die Ochsen sich hinlegten, da sollte die Kirche gebaut werden. So geschah es. Die Ochsen legten sich nördlich des Dorfes Medelby ins Gras, aber weit vom Dorf Holt entfernt. Hier steht heute noch die Kirche, aber richtig gefallen hat dieser Platz den Medelbyern auch nicht, daher sagt man heute noch: „Du stehst mir im Wege wie die Medelbyer Kirche!" Wie man sich in Medelby erzählt, hat man den Ochsen später ein Denkmal gesetzt. Wo es gestanden haben soll, das weiß man nicht mehr. (Schleswigsche Geest)

Die fliegende Hexe von Haasberg

Im Kirchspiel Humptrup in Nordfriesland liegt östlich der Straße Süderlügum-Aventorft der Hof „Haasberg". Dieser Hof lag einst nahe dem Haasberger See, der längst zugeschüttet worden ist. Oft kam es zu großen Überschwemmungen, und der See trat über seine Ufer. Aber der Hof lag auf einer Warf, einem künstlich aufgeschütteten Erdhügel, und wurde so vom Wasser zwar eingeschlossen, aber nicht bedroht. Vor vielen Jahren nun geschah es, daß auf „Haasberg" nachts die Kühe ausgemolken wurden. An jedem Morgen mühte der Hofbesitzer sich, aber er molk keinen Tropfen Milch. Daher legte er sich mehrere Nächte auf die Lauer, um den Übeltäter zu greifen, aber er hatte kein Glück. Eigenartig war, daß die Kühe abends Milch gaben, nur morgens nicht. Also wurden sie von jemandem gemolken, aber von wem? Der Knecht wollte der Sache auf den Grund gehen.

Er legte sich eines Nachts mit einem dicken Knüppel bewaffnet auf die Lauer und hatte Erfolg. Eine Hexe schlich sich in den Stall, nahm einen Melkschemel von der Wand, setzte sich neben eine Kuh und begann zu melken. Der Knecht beobachtete sie zuerst, aber dann nahm er den Knüppel fest in die Hand, schlich sich von hinten an die Hexe heran und versetzte ihr einige kräftige Hiebe. Die Hexe schrie jämmerlich und wollte fliehen. Da sah der Knecht, daß die Hexe nur kleine Füße hatte, dafür aber große Flügel. Sie hob vom Boden ab und wollte durch die Stalltür hinausfliegen, aber diese war verschlossen. Der Wind hatte sie zugeschlagen. So kam sie wieder zu Boden. Der Knecht schlug abermals zu. Die Hexe konnte zur Seite hüpfen, verlor aber einen Schuh. Der Knecht ergriff ihn, und nun konnte die Hexe nicht mehr gehen. Sie hüpfte und flatterte herum wie eine flügellahme Krähe. Der mutige Knecht schlug wacker weiter zu, und er sah, wie einige Blutstropfen auf den Boden fielen. Die Hexe versuchte, das verlorene Blut aufzufangen, aber es glückte ihr nicht. Jedesmal, wenn sie sich bückte, bekam sie Prügel.

So verlor sie allmählich ganz ihre Kraft zu fliegen. Sie lief davon, lahm und verwundet. Der Knecht öffnete die Stalltür, jagte sie hinaus, aber er folgte ihr am Sielzug entlang bis zum Dorf Bosbüll. Seit jener Nacht hatte man auf „Haasberg" Ruhe. Die Kühe gaben wieder ihre volle Milch. Viele Jahre soll der Hexenschuh auf „Haasberg" aufbewahrt worden sein.

(Schleswigsche Geest)

Der Meilenstein bei Wallsbüll

Vor vielen Jahren hat sich ein Riese mit Landsleuten des Geestdorfes Handewitt darüber gestritten, wo die Grenze zwischen dem Kirchspielland von Handewitt und dem Geestdorf Medelby verlief. Die Landsleute waren schon untereinander so uneinig, daß schließlich der Riese entscheiden sollte, wo die Grenze verlaufe. Dieser nahm nun einen riesigen Stein, hob ihn auf und schleuderte ihn mit voller Wucht in Richtung Medelby. Aber seine Kraft hatte nicht gereicht, denn der Stein fiel auf halbem Weg nieder, dort, wo er heute noch liegen soll. Es ist der Meilenstein beim Wallsbüller Wald, den man auch 'Hochstein' nannte. Hier verlief viele Jahre die Grenze zwischen den Kirchspielgemeinden, die sich mit der Entscheidung des Riesen zufrieden gegeben hatten.
(Schleswigsche Geest)

Die zwei Riesen

Es waren einmal zwei Riesen. Der eine wohnte in Karlum, der andere in Leck. Eines Tages bekamen die beiden Streit miteinander, und sie standen sich abwartend gegenüber. Jeder hatte sich hinter den Turm der Kirche seines Dorfes gestellt, denn sie wollten sich mit großen Steinen bewerfen. Der Karlumer Riese nahm einen Stein, der so groß war wie ein Brunnenloch. Er warf ihn zur Lecker Kirche, aber der Stein blieb weit vor Leck bei Kämpelgraft in den Wiesen liegen, wo er heute noch zu finden sein soll. Die Fingerabdrücke im Stein vom Karlumer Riesen sollen noch deutlich zu sehen sein. Der Lecker Riese amüsierte sich und lachte so laut, daß es die Karlumer hören konnten. Dann hob er einen Stein auf, der so groß war wie ein

Scheunentor und warf ihn zur Karlumer Kirche. Den Karlumer Riesen traf der Stein nicht, aber der Turm von der Kirche wurde getroffen und heruntergerissen. Während bis heute der Kirchturm der Lecker Kirche St. Willehad hoch und spitz in den Himmel ragt, ist der Turm der Karlumer Kirche klein und kurz geblieben.
(Schleswigsche Geest)

Der Landmesserstein

Vor vielen Jahren kauften sich zwei Bauern zusammen ein Stück Land, das sie nun teilen wollten. Der Landmesser wurde geholt. Er sollte das Land aufmessen, damit jeder die Hälfte bekam. An das Ende jeden Stück Landes wurde ein Landmesserstein gesetzt. Bald darauf aber hatte einer der Bauern einen Stein ein kleines Stück zu seinem Vorteil versetzt. Der andere hatte es zunächst nicht bemerkt. Als der Bauer, der den Stein versetzt hatte, gestorben war, konnte er im Grabe keine Ruhe finden. Seine Tochter sah ihn, als sie eines Tages auf die Wiese ging, um die Kühe zu melken. Ihr Vater kam in ein weißes Hemd gekleidet auf sie zu und blieb vor ihr stehen. Er sagte nichts, aber er wies mit beiden Händen zum Landmesserstein. Dreimal hatte die Tochter das erlebt.
Erst hatte sie es niemandem gesagt, aber dann erzählte sie das Erlebnis ihrem Bruder. Der holte wieder den Landmesser, damit noch einmal nachgemessen werden konnte. Nun stellte sich heraus, daß der Stein versetzt worden war. Der Landmesser rückte den Stein wieder an den alten Platz zurück. Von der Zeit an kam der Bauer nicht mehr im weißen Hemd über die Wiese gelaufen und wird seine Ruhe gefunden haben.
(Schleswigsche Geest)

Der Hirtenknabe

Einige der vielen Mischwälder des Kreises Nordfriesland wurden im 19. Jahrhundert auf die riesigen Endmoränen der letzten Eiszeiten gepflanzt. So auch der Staatsforst 'Karlumer Wald' nördlich des Geestortes Leck. Das Land war seinerzeit eine riesige sandige Heidefläche, auf der die Siedler ihre Schafe weideten. Im Juni 1701 trieb der Hirtenknabe Hans eine große Schafherde auf die Heide. Die Schafe gehörten dem Siedler Fedder Paulsen aus Karlum, bei dem Hans lebte, denn seine Eltern waren in einem Unwetter umgekommen, und Hans war allein. Er hatte es gut beim Siedler, der ihn wie seinen eigenen Sohn behandelte. Die Heidefläche war nicht eingezäunt, denn das Heideland war noch nicht an die Siedler aufgeteilt worden. Jeder konnte dort seine Schafe hüten. Hans mußte viel und weit laufen, denn die Schafe wollten immer wieder ausbrechen. Erst gegen Abend legten sie sich nieder, und der Hirtenknabe Hans konnte in Ruhe sein Brot essen. Aber es schmeckte ihm nicht recht, denn er war sehr, sehr müde. Er konnte seine Augen kaum noch offenhalten. Er war doch wohl zu viel gelaufen. Er setzte sich in die Heide, fiel hintenüber und schlief ein. Am nächsten Morgen ging der Siedler Fedder Paulsen in aller Frühe hinaus, um nach Hans und den Schafen zu sehen. Er wollte Hans wecken, aber voll Entsetzen stellte er fest, daß der kleine Hans tot war. Es war in der Nacht sehr kalt gewesen, und Hans war erfroren. Zum Andenken an den Hirtenjungen Hans setzten die Siedler an der Stelle einen spitzen Feldstein in den Boden mit der Inschrift EC 1701, der heute noch dort zu sehen ist. Eine kleine Tanne steht dicht neben dem Stein. Sie ist viele Jahre alt, aber sie wächst nicht mehr. (Schleswigsche Geest)

Wie Boverstedt entstand

In einer einsamen und schönen Landschaft nordöstlich des schleswigschen Dorfes Leck liegt der kleine Ort Boverstedt. Das Dorf soll durch ein Patengeschenk entstanden sein, so erzählt man sich. Vor mehr als hundert Jahren versprach der Pate eines kleinen Kindes, daß es soviel Pflugland geschenkt bekommen würde, wie der Vater des Kindes an einem Tage umpflügen könne. Der Pate hoffte natürlich, daß der Vater nur eine kleine Fläche schaffen würde. Dieser aber zog mit dem Pflug nur eine Furche in weitem Bogen um ein großes Stück Land herum. Wie versprochen, mußte der Pate dieses Stück Land von seinem Land abgeben, und die Furche wurde die Grenze des Dorfes Boverstedt. Diese Grenze verläuft in verschnörkelter Linie, denn wegen des moorigen Bodens südlich von Boverstedt war es dem Vater des Kindes nicht möglich gewesen, eine gerade Furche zu ziehen. Er mußte nach Norden ausweichen, was noch heute auf der Landkarte erkennbar ist. (Schleswigsche Geest)

Das Eichenkratt

Vor vielen Jahren soll zwischen den schleswigschen Dörfern Meyn und Handewitt eine Burg gestanden haben. Um diese Burg herum lief ein tiefer Graben, den man heute noch erkennen kann. Auf der Burg wohnte eine Frau, deren Mann vor Jahren verstorben war. Für ihren Besitz hatte sie einen Verwalter, der sie gerne geheiratet hätte, aber sie wollte ihn nicht, weil er ein Mann niederen Grades war. Immer wieder versuchte der Verwalter, ihre Einwilligung zu bekommen, denn er liebte sie sehr, aber stets lehnte sie ab. Der Verwalter wurde darüber so böse, daß er beschloß, heimlich in der Nacht ein großes Feld mit Eicheln zu besäen. Viele Säcke mit Eicheln standen im Speicher, die im Herbst von den großen Eichen im Burggarten heruntergefallen waren und im Winter an das Vieh verfüttert werden sollten. Der Verwalter wußte, daß auf einem Feld, das mit Eicheln besät wird, später nichts anderes mehr gedeihen kann. Mit einem prallgefüllten Sack voller Eicheln machte er sich eines Nachts auf, suchte sich das Feld mit dem besten Boden aus und besäte es mit Eicheln. Als Monate später die Burgfrau mit ihrem prächtigen weißen Pferd über die Äcker ritt, sah sie, wie aus ihrem besten Acker kleine Eichen wuchsen. Eilig kehrte sie auf die Burg zurück, ließ den Verwalter zu sich kommen und stellte ihn zur Rede. Dieser leugnete zunächst seine Schuld, aber dann gab er doch zu, daß er es getan hatte aus Rache dafür, daß sie ihn nicht heiraten wollte. Die Burgfrau beschimpfte und erniedrigte ihn vor den Mägden und Knechten. Sie forderte ihn auf, allein die jungen Eichen wieder herauszuziehen und dann zu verschwinden. Der Verwalter wollte noch etwas erwidern, aber die Burgfrau schrie und tobte, so daß er nicht zu Wort kam. Plötzlich schwieg sie, faßte sich ans Herz und brach tot zusammen. Ein Neffe war der Erbe der Burgfrau. Er war sehr froh über das Eichenkratt und behielt den Verwalter in seinen Diensten. (Schleswigsche Geest)

Der Riese Goliath

In dem kleinen Dorf Hackstedt nahe Flensburg soll in früherer Zeit der Riese Goliath gelebt haben. Gesehen hat man ihn nicht, denn er hielt sich immer in den Wäldern auf. Aber die

Leute der Gegend wußten sich immer wieder neue Gerüchte um den Riesen zu erzählen. Einmal hatte sich der Riese vorgenommen, das Silleruper Moor zuzuschütten, denn es lag ihm immer im Weg, wenn er durch das Land stapfte. Er füllte einen großen Sack mit Sand, den er in das Moor werfen wollte. Als er aber zum Dorf Großenwiehe kam, da platzte der Sack und der Sand lief aus. Noch heute kann man den Haufen sehen, es ist der Großenwieher Berg. Auch in der Gegend um Sillerup gibt es viele kleine Hügel, es sind Hünengräber. Die Leute aber behaupten, daß der Riese dort seine Holzschuhe geleert hätte, wodurch sie entstanden seien. Bei seinen einsamen Wanderungen störte es den Riesen, wenn irgendwo in einem Dorf die Kirchenglocken läuteten. Nun sollte auch noch in Großenwiehe eine Kirche gebaut werden, also noch mehr Glockengeläut in der Gegend! Goliath war außer sich vor Wut. Er ergriff den nächsten großen Stein und schleuderte ihn nach Großenwiehe. Aber er hatte schlecht gezielt, und der Stein landete auf dem Großenwieher Berg. Des Riesen Fingerspitzen hatten sich in den Stein hineingedrückt, so sehr hatte er zugedrückt. Lange Zeit soll der Stein dort gelegen haben. In späterer Zeit hat man ihn geborgen, denn es war ein sogenannter 'Schalenstein' (ein heidnischer Andachtsstein).
(Schleswigsche Geest).

Die Sympathiemittel eines Medizinmannes

Um 1900 lebte in Medelby ein Mann, den man 'Hans Doktor' nannte. Er war kein Arzt, aber er kannte sich in der Heilkunde gut aus, wie die Leute glaubten. 'Hans Doktor' behandelte Vieh und Menschen, und Leichtgläubige erfüllten gerne seine

Anordnungen, die unter anderem darin bestanden, daß ein sogenanntes Sympathiemittel angewendet wurde. In den meisten Fällen waren es kleine Kugeln, die unter der Schwelle der Tür vergraben werden mußten, hinter der der Patient im Bett oder im Stroh lag. 'Hans Doktor' nannte die Kügelchen 'Elefantenläuse', aber ein Sachverständiger hat später festgestellt, daß es sich um Sojabohnen handelte. Eines Tages war eine Frau im Dorf irrsinnig geworden. 'Hans Doktor' wurde gerufen und schrieb eine Zahl auf ihren Arm, worauf sie schnell wieder gesund wurde. Im Stall der Frau war auch eine Kuh erkrankt. 'Hans Doktor' klopfte an die Stalltür und rief: „Hier wird der Teufel nicht mehr kommen!" — Aber der Teufel war scheinbar doch gekommen, denn die Kuh starb. An einem anderen Tag wurde 'Hans Doktor' ins Nachbardorf gerufen. Er machte sich zu Fuß auf, denn eine Kutsche besaß er nicht. Unterwegs aber überholte ihn ein Bauer mit seiner Kutsche, der grußlos an ihm vorüberfuhr. Da lahmte plötzlich sein Pferd, und er mußte umkehren und 'Hans Doktor' um Rat fragen. Auch lud er ihn ein, seine Kutsche zu besteigen und mitzufahren. 'Hans Doktor' sah sich das Pferd nicht einmal an. Er bestieg die Kutsche und sagte: „Ein anderes Mal kannst du ruhig grüßen, wenn du mich triffst!" Dann schwang er die Peitsche, das Pferd galoppierte los und lahmte nicht mehr.
(Schleswigsche Geest)

Der habgierige Müller

In einem Dorf im Schleswiger Land standen vor vielen Jahren zwei Windmühlen. Obwohl es viele wohlhabende Bauern in der Gegend gab, die ihre reichen Kornernten in die Mühlen brachten, sah man nur bei einer Mühle die Flügel sich lustig im Winde drehen. Die andere Mühle streckte fast immer starr und bewegungslos traurig ihre Flügel aus. Ganz selten hörte man das Klappern und Rattern des arbeitenden Mahlwerkes. Der Müller konnte sich noch so sehr bemühen, feinstes, weißes Mehl zu liefern, die Bauern trieben nun ihre vollbeladenen Kornfuhren an seiner Mühle vorbei, hin zur zweiten Mühle und nahmen es sogar in Kauf, hier lange auf ihr Mehl warten zu müssen. Es ging ein Gerücht über die erste Mühle um. Dort sollte ein greuliches Gespenst umgehen. Niemand hatte zwar je ein Gespenst gesehen, trotzdem wagte es kein Dorfbewohner, in der Dunkelheit an der stillstehenden Mühle vorüberzugehen. Die wenigen Kunden, die dem armen Müller noch verblieben, gingen zu ihm, weil sie ihr Mehl sehr schnell benötigten, oder weil sie den hohen Preis, den der andere Müller verlangte, nicht zahlen konnten. Sie luden eilig ihr Korn vor der Mühle ab, wendeten dann das Gespann und jagten den Mühlenberg hinab. In der gleichen Hast und Eile holten sie später ihr Mehl wieder ab und wußten abends im Wirtshaus schauerliche Geschichten zu berichten, von dem düsteren Aussehen des Müllers, von der unheimlichen Mühle, die wie tot dalag, und in der es weder Katz noch Maus geben sollte.

Doch der Müller und seine Leute waren sehr tüchtig und verstanden es, ihren Kunden das Beste zu liefern, so daß der andere wohlhabende und vielbeschäftigte Müller manches Mal dachte, es müsse gut und nützlich sein, so tüchtige Müllersknechte zu haben. Die aber wollten den Müller in seiner Not nicht verlassen. Da kam eines Tages ein Bauer mit einer Kornladung vorgefahren, der sein Mehl dringend am folgenden Tag haben wollte. Der Müller und seine Leute gingen sofort an die Arbeit, um rechtzeitig das feine Mehl liefern zu können. Es wurde Abend, aber die Arbeit war immer noch nicht geschafft. Da entschlossen sie sich, in den Nachtstunden weiter zu arbeiten. Die Mühlenflügel klapperten, das Mahlwerk ächzte, die schweren Steine zerrieben schleifend das Korn. Die Müllersknechte schleppten Sack um Sack in die Mühle, als sie plötzlich ein neues, fremdes Geräusch wahrnahmen. Es polterte auf der Holzstiege, es schleppte sich etwas hinauf, groß und gefährlich. Die Leute standen wie gebannt und starrten auf die Luke zum Mahlwerk. Dort zeigte sich etwas, weiß, pelzig behaart, zwei krumme Hörner, gelbe Augen. Es schob sich etwas Entsetzliches durch die Luke. Schreiend rannten die Leute aus der Mühle hinaus, stießen sich gegenseitig hin, rafften sich wieder auf, hetzten in wilder Panik den Mühlenberg hinab und ließen sich nicht wieder sehen. Nur ein Knecht, der mit dem Müller auf dem Vorhof gearbeitet hatte, blieb auch weiter bei ihm, denn er hatte das Gespenst nicht gesehen und wollte auch nicht so recht daran glauben. Nach diesem Vorfall kamen noch seltener Kunden in die Mühle. Der arme Müller verbrachte schlaflose Nächte. Die Sorgen um seinen Betrieb, die Angst, die alte Mühle, die vor ihm schon seinem Großvater und seinem Vater gehört hatte, verlassen zu müssen, trieben ihn ruhelos durch das Gebäude. Bedrückt und verzweifelt durch die immer größer werdende Not stand er, wie in so vielen Nächten, grübelnd in der stillen Mühle, als er plötzlich ein Scharren vernahm. Ächzend und schnaubend schob sich etwas die Stiege hinauf. Von Grauen gepackt, starrte der Müller auf die Bodenluke und glaubte seinen Augen nicht zu trauen, als sich ein pelziges, gehörntes Ungeheuer zeigte. Geschüttelt von grenzenlosem Entsetzen rannte er in die Kammer seines Knechtes und zeigte immer nur, sprachlos vor Grauen, in die Mühle hinein. Der Knecht,

ein besonnener Mann, packte eine Eisenstange, wagte sich in die Mühle hinauf und sah tatsächlich das unheimliche Wesen. Er nahm allen Mut zusammen und sprach das Wesen an, erhielt aber keine Antwort. Da packte er fest die Eisenstange mit beiden Händen und hieb sie mit aller Kraft dem Ungeheuer zwischen die Hörner. Es fiel sofort bewegungslos zu Boden. Inzwischen war auch der Müller heraufgekommen. Sie gingen zu dem zusammengesunkenen Wesen, zerrten an dem Fell und glaubten, nicht richtig zu sehen, als sie unter dem Ziegenfell mit den Hörnern den erschlagenen Nachbarn entdeckten, der sich diese Gespenstergeschichte ausgedacht hatte, um den anderen Müller aus seiner Mühle zu vertreiben, seine tüchtigen Leute für sich arbeiten zu lassen und um als einziger Müller in der Gegend reich zu werden. Nun wendete sich alles für den armen, gequälten Müller. Die Bauern brachten wieder ihre Kornfuhren in seine Mühle, die gar nicht mehr unheimlich wirkte, sondern ihre Flügel wieder immerzu lustig im Winde klappern ließ. Auch seine Leute kamen zu ihm zurück, beschämt darüber, daß sie sich so hatten verängstigen lassen. Die andere Mühle aber wurde bald abgebrochen, denn sie hatte keine Arbeit mehr.
(Schleswigsche Geest)

Der starke Lassen

In dem kleinen Bauerndorf Jardelund westlich der Stadt Flensburg wohnte vor vielen Jahren ein Bauer, den man wegen seiner übermenschlichen Kräfte den 'starken Lassen' nannte. Eines Tages ritt er mit seinem Nachbarn zum Wochenmarkt nach Handewitt, wo sie handeln und Vorräte kaufen wollten.

Auf dem Rückweg machten sie Rast in der Gastwirtschaft von Osterby. Sie waren mit ihrem Handel auf dem Markt sehr zufrieden, daher spendierten sie sich ein Bier. Und weil sie fröhlich und ausgelassen waren, blieb es nicht nur bei einem Bier. Bis nach Hause waren es ja nur noch vier Kilometer, daher hatten sie Zeit. Als es allmählich dämmerte, sagte der Nachbar: „Ich muß jetzt aber nach Hause, sonst bekomme ich Ärger mit meiner Frau!" Der starke Lassen wollte gern noch etwas bleiben und meinte: „Na ja, dann grüße meine Frau von mir und sage ihr, ich käme auch bald zurück!" Der Nachbar wollte das ausrichten. Da fiel Lassen ein, seinem Nachbarn einen Streich zu spielen, denn dazu war er immer aufgelegt. Er wollte mit ihm eine Wette abschließen und sagte: „Gut, ich werde jetzt auch aufbrechen, aber zu Fuß. Ich werde vor dir zu Hause sein, wollen wir wetten?" Der Nachbar überlegte lange, denn er wußte nicht, was Lassen im Sinn hatte. Aber dann antwortete er: „Gut, wetten wir! Der Verlierer zahlt die Zeche." Damit war Lassen einverstanden, denn er wußte, daß er die Wette gewinnen würde. „Aber ich habe eine Bedingung", sagte er, „ich werde mich solange am Schweif deines Pferdes festhalten, wie ich es durchhalten kann. Mein Pferd bleibt solange im Stall des Wirtes." Der Nachbar war einverstanden. Der Wirt wollte die Zeche bis zum folgenden Tag anschreiben, denn er war auch gespannt über den Ausgang, außerdem hatte er das Pferd als Pfand. Der Wettlauf begann. Das Pferd trabte los, und Lassen hielt sich am Schweif des Pferdes fest. So konnte er auch das Tempo bestimmen und das Pferd abbremsen, wenn es nötig wurde. Der 'starke Lassen' hielt den ganzen Weg durch und hatte den Schweif des Pferdes nicht losgelassen. Als sie vor dem Haus in Jardelund ankamen, riß er kurz vor der Haustür das Pferd mit ganzer Kraft herum, ließ den Schweif los und lief

zur Haustür. Dort stand er, lachte und sagte: „So, lieber Nachbar, ich bin zu Hause, und das zu Fuß. Du sitzt aber immer noch auf dem Pferd und bist noch nicht zu Hause!" Der Nachbar war von der gewaltigen Kraft Lassen's beeindruckt und sagte: „Na ja, du hast mich ganz schön reingelegt, und ich habe die Wette verloren. Ich werde morgen nach Osterby zurückreiten, die Zeche bezahlen und dein Pferd mit zurückbringen!"
(Schleswigsche Geest)

Die Hans Nansen - Sage

Als die aufgelösten Schwedenhorden nach dem Dreißigjährigen Krieg durch das Schleswiger Land wieder gegen Norden in ihre Heimat zogen, kamen sie durch das Dorf Osterby. Die Schweden waren für ihre Grausamkeiten bei den Bewohnern bekannt. Ängstlich verkrochen sie sich in ihren Häusern. Aber verschont wurden sie nicht, denn die schwedischen Soldaten plünderten und brandschatzten sie und drohten, die armen Bauern bis auf das Blut zu quälen, wenn sie nicht alle ihre Schätze, die sie vielleicht vergraben haben könnten, herausgeben wollten. Die Bauern waren in großer Angst und Not. Wenn keine Rettung käme, würden sie den rohen Horden ausgesetzt sein. Aber woher sollte Rettung kommen?
Die schwedischen Reiter hatten an dem Weg, der vom Dorf zur Siedlung Jardelund führte, gelagert. Zu jener Zeit lagen noch große Landstrecken brach und wurden von Heidjern (Heidebauern) bewohnt. In Osterby wohnte ein armer, aber mutiger Mann namens Hans Nansen. Dieser Pfiffikus kam auf eine verwegene Idee. Er besaß eine alte Flinte mit einem Steinschloß. Dazu hatte er einige Kugeln. Nahe dem Dorf breitete sich ein

Krattgelände aus, das mit dichtem Gebüsch bewachsen war. Unweit davon lagerten die Schweden. Hans Nansen schlich sich mit seiner Flinte so dicht wie möglich an das Lager heran und sah, daß einige Bauern aus dem Dorf mit ihnen verhandelten. Aber die Schweden beachteten sie nicht und machten sich mit brennenden Fackeln auf, das Dorf niederzubrennen. Plötzlich schlug eine sehr laute Kommandostimme aus dem Gebüsch an ihr Ohr. Diese Stimme befahl: „Achtung! — Legt an! — Gebt Feuer!" Nun hörte man ein schauriges Geraschel im Gebüsch, ein Geklapper, als wenn eine ganze Schwadron sich kampfbereit machte. Dann wieder die Kommandostimme: „Links gezielt! — Achtung! — Feuer!"

Die erschreckten Schweden flohen in wilder Eile auf den Berg 'Lundtop', der nordöstlich von Osterby lag und ließen das Dorf schnell hinter sich liegen. Sie wagten auch nicht zurückzukehren. Als die Luft rein war, trat Hans Nansen aus seinem Versteck hervor und schlich zurück zu seiner Kate.

Niemand hatte ihn gesehen, weder, als er in das Gebüsch geschlichen war, noch, als er heimging. Aber man hatte ihn an seiner Stimme erkannt. Dadurch kam seine ruhmvolle Tat ans Tageslicht. Er wurde vom ganzen Dorf hochgeehrt und von den Begüterten reichlich belohnt.

(Schleswigsche Geest)

Unaften

Die Namen vieler Dörfer und Städte im norddeutschen Raum stehen oft mit der Landschaftsentwicklung oder mit Personennamen in Verbindung. Aber es gibt Ausnahmen, wie zum Beispiel das Dorf Unaften nahe der Stadt Flensburg.

In diesem kleinen Dorf wohnten einmal eine Frau und ihr Mann, die ein kleines Wirtshaus bewirtschafteten. Sie waren sehr arm, denn es gab noch ein weiteres Wirtshaus im Dorf, das schöner war und wo die Gäste freundlicher und besser bedient wurden. Daher wanderte ihr einziger Sohn nach Amerika aus. Er wollte dort viel Geld verdienen und dann heimkehren, um eine neue Wirtschaft zu bauen.
Viele Jahre vergingen, in denen der Sohn nichts hatte von sich hören lassen. Seine Eltern glaubten, daß er tot sei. So verloren sie allmählich jegliches Interesse an der Wirtschaft, und immer mehr Gäste blieben aus. Aber der Sohn war nicht tot. Eines Tages kam er wieder zurück in das Dorf. Er wollte seine Eltern überraschen, daher hatte er seine Ankunft nicht angekündigt. Erst ging er in die Nachbarwirtschaft. Die Wirtsleute erkannten ihn zunächst nicht, aber als dieser seinen großen Hut abnahm, da sahen sie, daß es der Sohn der Nachbarn war. Sie waren froh über seine Heimkehr, setzten sich an seinen Tisch, und der Heimkehrer erzählte nun, woher er gekommen war und was er in all den Jahren erlebt hatte. Er bat aber die Wirtsleute, seinen Eltern keine Nachricht über seine Ankunft zu geben, denn er wollte sie überraschen.
Dann endlich ging er zu seinem Elternhaus. Beim Anblick des einst so schönen Hauses, das er in der Erinnerung hatte, wurde er traurig, denn es war heruntergekommen und verfallen. Er stülpte seinen Jackenkragen hoch und zog seinen großen Hut ins Gesicht, dann ging er hinein. Die Eltern saßen in der Küche am warmen Herdfeuer. Als er sie bat, im Hause übernachten zu dürfen, lehnten sie es ab, denn sie wollten keine Gäste mehr, und die Zimmer seien auch nicht mehr in Ordnung. Sie wußten nicht, daß es ihr Sohn war, der übernachten wollte, denn er sprach nur wenig und ging auch nicht in die Küche hinein.

Dann nahm er ein Bündel Geld aus seiner Tasche, zeigte es ihnen und meinte, daß er gerne den doppelten Preis für eine Übernachtung zahlen wolle. Als seine Eltern das viele Geld sahen, ließen sie ihn eintreten und zeigten ihm ein Zimmer. Der Sohn war sehr müde und wollte sich etwas ausruhen. Später wollte er dann etwas essen. Zurück in der Küche sagte die Frau zu ihrem Mann: „Hast du das viele Geld gesehen? Wenn wir das hätten, dann gäbe es keine Sorgen mehr!" Der Mann merkte wohl, was seine Frau im Sinn hatte und sagte: „Wir haben es aber nicht und werden es auch nicht haben. Wie sollten wir?" „Ganz einfach", sagte die Frau, „ich werde ihm Gift in sein Essen tun!" „Bist du von Sinnen?" rief der Mann. „Das wirst du nicht tun. Wie kannst du nur diese Gedanken haben? Vergiß es schnell und sprich niemals mehr darüber!" Er hatte sich so sehr erregt, daß er beschloß, in die Nachbarwirtschaft zu gehen, um sich zu zerstreuen. Der Wirt empfing ihn freudestrahlend und beglückwünschte ihn zur Heimkehr seines Sohnes. Auch erzählte er ihm von dem, was der Sohn berichtet hatte. Der Vater war zunächst erschrocken, aber dann verließ er schnell die Wirtschaft und ging nach Hause. Er ahnte Schlimmes, aber er wollte es noch nicht glauben. Halben Weges kam ihm seine Frau entgegen. Mit erhobener Hand winkte sie ihm mit einem dicken Bündel Geld zu und rief: „Ich habe es getan! — Ich habe es getan!" Wortlos lief der Mann an ihr vorüber, stürzte ins Haus und die Treppe hinauf in das Gastzimmer. Er sah nun seinen eigenen Sohn blutbesudelt und tot im Bette liegen! Seine Frau war ihm nachgekommen und sah ihren Mann vor dem Bett knien, seinen Kopf neben dem des toten Sohnes. „Was ist mit dir?" sagte sie. „Ich habe es getan, nicht mit Gift, nein, mit diesem Messer. Er schlief ja so fest!" Mit tränenüberströmtem Gesicht wandte der Mann sich

ihr zu und sagte schluchzend: „Es ist dein Sohn! — Du hast deinen eigenen Sohn getötet! — Da, da liegt er vor dir!" Der Mann riß dem Sohn das Hemd auf und zeigte auf einen dunklen Punkt: „Da, wenn du es nicht glauben willst, er ist es. Es ist der Leberfleck!" Nun endlich erkannte auch die Frau, was sie angerichtet hatte. Sie zerriß das viele Geld in ihrer Hand, stürzte zu Boden und weinte bitterlich. Diesen besonderen Abend haben die Leute im Dorf niemals vergessen, es war 'ein Abend' (un Aften), und von dieser Zeit an nannten sie ihr Dorf Unaften.
(Schleswigsche Geest)

Die halbgefüllte Flasche

Zur Zeit der Schwedenbesetzung während des Dreißigjährigen Krieges mußte ein einfacher dänischer Soldat nach einer gewonnenen Schlacht vor dem am Rande des Schlachtfeldes aufgeschlagenen Zeltlager seiner siegreichen Heerschar Wache halten. Der Sieg über die Schweden wurde mit viel Bier und Branntwein gefeiert. Auch der wachhabende Soldat trank einen kräftigen Schluck aus der Branntweinflasche. Da hörte er das Stöhnen eines Verwundeten. Die Toten der Schlacht hatte man noch nicht bestatten können, aber die vielen Verwundeten waren versorgt worden. Der Wachhabende ging auf die Stelle zu, von der das Stöhnen gekommen war. Er fand einen jungen Schweden, dem man beide Beine abgeschossen hatte. Der Schwerverletzte mußte wohl ohnmächtig geworden sein, so daß man ihn für tot gehalten hatte. Der dänische Soldat, der christlich erzogen worden war, beugte sich über den Schweden, um ihm zu helfen. Er wollte ihm einen Schluck aus

seiner Branntweinflasche geben. Als er aber dem Schweden die Flasche an den Mund gesetzt hatte, zog dieser plötzlich eine Pistole und wollte den Dänen erschießen.
Der junge Däne konnte ihm aber geistesgegenwärtig die Pistole aus der Hand schlagen, noch bevor sich der Schuß gelöst hatte. Jeder andere hätte sicherlich den Mörder erschossen oder erschlagen, der Däne aber setzte sich die Branntweinflasche an den Mund, trank sie halb leer und reichte sie dann dem Schweden mit den Worten: „Du Bösewicht! — Ich hatte dir die ganze Flasche zugedacht, aber du hast dich nicht gut benommen. Nun bekommst du sie nur halbvoll!"
Aus dem Zeltlager waren andere Dänen hinzugekommen und Zeuge des Vorfalls geworden. Durch sie erfuhr auch der König von dem Geschehen. Er ließ den Soldaten zu sich kommen und verlieh ihm ein Wappen, in dem eine halbgefüllte Flasche abgebildet war. Des Soldaten Urenkel sollen noch in der Nähe der Stadt Flensburg leben und das Wappen bis heute führen.
(Flensburg-Land)

Die Hinrichtung

Noch bis in das achtzehnte Jahrhundert war das Land zwischen Nord- und Ostsee in Harden aufgeteilt. Das waren Verwaltungs- und Gerichtsbezirke, denen der Hardesvogt vorstand. Er war auch Gerichtsherr seines Bereiches, aber der oberste Gerichtsherr und Landesvater war der König in Kopenhagen. Jede Harde hatte ihre eigene Richtstätte, auf denen die Verurteilten hingerichtet wurden. Das Land war einst einsam und unerschlossen. Es bestand aus Heide- und

Krattgebieten, durch die einsame Sandwege führten, die oft von Wegelagerern belauert wurden. Aber nicht nur vor diesen Banditen hatten die Leute, die des Weges zogen, Angst. Auch wenn sie an den Hügeln der einsamen Richtstätten vorüberkamen, lief ihnen ein kalter Schauer über den Rücken. Es ist noch nicht lange her, etwa im letzten Viertel des achtzehnten Jahrhunderts, da stand in der Karrharde eine Frau im Verdacht, ihren Mann vergiftet zu haben.
Sie wurde dem Hardengericht vorgeführt, aber dieses fühlte sich überfordert und verwies die Sache an den königlichen Amtmann in Tondern, der dem König unmittelbar unterstand und daher auch weisungsbefugt war. Der Amtmann ließ die Frau vorladen und verhörte sie. Aber sie verstand es, sogar dem Amtmann ihre Unschuld zu bekunden. Da keine deutlichen Beweise vorlagen, wurde sie entlassen. Über die Verhandlung fertigte der Amtmann pflichtgemäß ein Protokoll, das er dem König vorzulegen hatte.
Aber er versäumte es, dies rechtzeitig zu tun. Weil er es aber später nicht mehr nachholen mochte, lud er die Frau erneut vor, um sie nochmals zu verhören. Aber auch jetzt beteuerte sie ihre Unschuld. Der Amtmann glaubte ihr zwar immer noch nicht, dennoch sagte er in hartem Ton: „Dann gehen sie mit Gott, denn sie sind ja unschuldig! Sie sind frei!" Die Frau blieb wie erstarrt stehen. Der Amtmann rief nochmals: „Gehen sie mit Gott, sie sind frei!" Die Frau ging nicht.
Sie begann bitterlich zu weinen, setzte sich auf einen Stuhl vor den Amtmann und sagte: „Es nützt mir ja doch nichts! Ich habe es getan und kann keine Ruhe finden. Ich will lieber meine Strafe erleiden!" Als der Amtmann darauf erwiderte: „Sie sind ja wohl von Sinnen!" sagte sie: „Nein, das bin ich nicht! Ich habe es getan!" Die Frau bekannte immer wieder ihre Schuld und

erzählte dem Amtmann, daß sie mit ihrem Mann zusammen in großer Armut gelebt hätte. Dazu hatte ihr Mann sie jahrelang fast an jedem Tag grundlos verprügelt. Das habe sie nicht mehr aushalten können und sich daher zum Mord entschlossen. Der Amtmann ließ sie verhaften. Außerdem befahl er, die Leiche des Mannes wieder auszugraben und auf Gift zu untersuchen. Es wurde Gift gefunden.
Daher ordnete der Amtmann im Namen des Königs die öffentliche Hinrichtung auf der Richtstätte an. Dort hatten sich bald viele Menschen versammelt. Anwesend waren auch der Amtmann, zwei Prediger und der Kirchspiel- und Hardesvogt. Die Frau wurde vom Scharfrichter vorgeführt.
Ein Pastor begleitete sie, aber bevor die Enthauptung vollzogen wurde, hatte die Verurteilte durch den Scharfrichter den Amtmann fragen lassen, ob nicht einige ihr bekannte Verse aus einem Gesang gesungen werden durften. Der Amtmann erlaubte es, und die Anwesenden fielen in das Lied ein, das die Verurteilte angestimmt hatte.
Ihre Stimme klang laut und fest. Die Herren Prediger waren auf die Knie gefallen und beteten. Dann sprach einer von ihnen einige trostreiche Worte zur Frau, aber er sah die Todesangst in ihrem Gesicht und ihre Lippen sich blau färben. Er war so entsetzt, daß ihm die Stimme versagte.
Auf ein Zeichen des Amtmannes packte der Scharfrichter die Verurteilte, zog sie zu einem Schlagblock und enthauptete sie mit einem Schlag seines scharfen Degens. Die Versammelten schrien auf, und ein Pastor rief: „In diesem Augenblick ist ihre Seele im Himmel!” Nachdem der feierliche Akt beendet worden war, wurde die Leiche der Frau an Ort und Stelle auf dem Richtplatz beigesetzt.
(Schleswigsche Geest)

Knaben entscheiden einen Rechtsfall

Ein Arm des Flusses Wiedau bei Tondern führt den Namen Renzau nach dem kleinen Dorf Renz. An einer Stelle der Renzau, wo die Ufer hoch und steil waren, fiel einmal ein Mann ins Wasser. Er wäre ertrunken, wenn nicht ein anderer, der in der Nähe gearbeitet und sein Geschrei gehört hatte, herbeigeeilt wäre. Er erkannte sofort die Gefahr, in der sich der andere befand, nahm seine Forke und hielt ihm den Stiel entgegen, damit er sich festhalten konnte. Aber der andere wußte sich in der Strömung kaum zu halten und schlug wild um sich, denn schwimmen konnte er auch nicht. Immer wieder hielt ihm der Retter den Forkenstiel entgegen, und plötzlich war es geschehen. Der Ertrinkende schrie laut auf, denn der Forkenstiel war in sein rechtes Auge gestoßen und hatte es zerquetscht. Trotzdem konnte er im letzten Augenblick den Forkenstiel fassen und wurde vom Retter ans Ufer gezogen.
Einige Wochen später wurde im Dorf das Thing einberufen. Es sollten Rechtsfragen und Probleme des Dorfes verhandelt und besprochen werden. Auch der Gerettete war auf dem Thing erschienen. Er verklagte seinen Retter und verlangte, daß ihm Buße für das verlorene Auge gezahlt würde. Der Hardesvogt, der vorsitzender Richter des Things war, wußte nicht, was er aus der Sache machen sollte. Daher verschob er die Angelegenheit bis zum nächsten Thing. Er wollte sich in der Zwischenzeit überlegen, was man tun könne, um beiden Seiten gerecht zu werden.
Eines Tages nahm der Hardesvogt sein Pferd und ritt langsam und nachdenklich nach Tondern, wo das nächste Thing abgehalten werden sollte. Er kam zum Rohrkarrberg, einer kleinen Höhe vor Tondern und sah drei Hirtenknaben auf einem

Steinhaufen sitzen und Wichtiges besprechen. Der Hardesvogt hielt sein Pferd an und fragte die Kinder, was sie denn da machten? „Wir spielen Thing", war die Antwort. „Was verhandelt ihr denn?" fragte er weiter. „Wir halten Gericht über den Mann, der in die Renzau gefallen ist", antworteten sie. Der Hardesvogt stieg vom Pferd. Er wollte das Urteil der Kinder abwarten. Sie hatten ihn nicht erkannt, weil er in seinem weiten Mantel abseits stand und ließen sich daher nicht stören. Dann kam das Urteil. Es wurde zu Recht erkannt, daß der gerettete Mann an derselben Stelle wieder in die Au geworfen werden solle. Konnte er sich allein retten, dann sollte er Buße für sein verlorenes Auge erhalten. Konnte er es aber nicht, dann war die Buße verfallen.

Der Hardesvogt staunte über so viel Weisheit der Kinder. Er zog seinen Geldbeutel und gab ihnen einen ansehnlichen Betrag. Dann ritt er fröhlich weiter, denn er hatte die Lösung gefunden. Auf dem nächsten Thing verkündete er das Urteil, das die Kinder gesprochen hatten. Der Mann mußte wieder vom steilen Ufer in die Renzau springen und ohne Hilfe das Ufer erreichen, aber er schaffte es nicht und ertrank. Der Retter hatte gewonnen, denn seine Unschuld war erwiesen. (Nordschleswig)

Wendische Räuber

Zur Zeit der Völkerwanderung fielen slawische Heerscharen (Wenden) auch in den Norden Schleswigs ein. Sie waren von den Bewohnern an Nord- und Ostsee sehr gefürchtet, denn sie plünderten und brandschatzten einsam gelegene Siedlungen. Wie schon an der Flensburger Förde bauten daher die Siedler auf der Ostseeinsel Alsen Schanzen, um sich gegen die Überfälle verteidigen zu können. Ein gewisser Svend Grahe soll sogar eine Burg an der Stelle gebaut haben, wo heute die Stadt Nordburg liegt. In der Nähe des Dorfes Osterlügum soll es zu einem erbitterten Kampf zwischen Wenden und Dänen gekommen sein, der sich lange Zeit hinzog. Die Dänen wollten unter allen Umständen gewinnen und folgten schließlich dem Rat Svend Grahes: Sie holten vollbesetzte Bienenkörbe und warfen diese unter die Feinde. Um sich selber gegen die angriffslustigen Bienen zu schützen, hatten sie sich Kappen auf den Kopf gesetzt. Ihre Taktik hatte Erfolg, denn die Wenden gerieten in Panik, verloren den Kampf und flohen. Trotz dieser Niederlage kehrten sie aber wieder zurück und überfielen erneut die Siedlungen. Erst einige Zeit später folgte ein Ereignis, das die Wenden für immer aus dem Land vertrieb: Nach dem Tode König Knuds im Jahre 1035 erbte König Magnus von Norwegen das dänische Reich. Er stellte sich mit einer großen Heerschar den Wenden zum Kampf, die nach der für sie verlorenen Schlacht auf der Lürschauer Heide (1043) das Land entgültig verließen. Es soll eine furchtbare Schlacht gewesen sein, denn lange noch wußten die Skalden im ganzen Norden bis nach Island hinauf davon zu sagen und zu singen. (Nordschleswig)

Die Mäher

Die Brorkenkoogswisch war eine große Wiese bei Tondern und soll ihren Namen von einem reichen Bauern namens Brork erhalten haben. Dieser Bauer hatte vor seinem Tode sein gesamtes Vermögen unter seine drei Söhne aufgeteilt,

nur die Brorkenkoogswisch ließ er aus, denn darüber sollten die Söhne sich selber brüderlich einigen. Als nun der Vater verstorben war, machten die drei Söhne unter sich aus, daß dem die Wiese gehören solle, der bei der ersten Heumahd die meisten Schwaden schlüge. Frohen Mutes machten sie sich auf zur Brorkenkoogswisch, und fröhlich begannen sie mit der Mahd. Aber bald verstummte ihre laute Fröhlichkeit, denn das Fieber des Wettstreits hatte sie erfaßt, und sie bemerkten, daß keiner von ihnen schneller war und somit Sieger werden könnte. Erschöpft unterbrachen sie die Mahd und suchten nach einer anderen Möglichkeit, sich zu einigen.
Darüber gerieten sie aber in Streit, der mehr und mehr an Heftigkeit zunahm, bis sie in blinder Wut mit den Sensen aufeinander einschlugen und sich so sehr verwundeten, daß sie ihren Verletzungen erlagen. Seit der Zeit sollen auf der Brorkenkoogswisch allnächtlich drei Irrlichter tanzen, deren Bewegungen denen der drei Brüder beim Wettmähen ähneln und den Bruderzwist nachzeichnen. Erst zum Morgengrauen verlöschen die Lichter eines nach dem anderen.
(Nordschleswig)

Dürhuus

In Tondern hatte zur Zeit des Dreißigjährigen Krieges das schönste und reichste Mädchen der Stadt sich mit einem braven jungen Mann verlobt und ihn, obwohl er arm und niederer Herkunft war, vielen reichen Freiern vorgezogen. Als nun die Schweden in das Land einfielen, mußte der junge Mann seine Braut verlassen und in den Krieg ziehen. Nach einigen Jahren kehrte er mit rühmlichen Auszeichnungen zurück, und die Liebenden hofften, bald ein glückliches Paar zu werden. Aber die Freude wurde getrübt. Mit dem Bräutigam waren einige seiner Kameraden gekommen, und einer von ihnen verliebte sich in die Braut. Einmal saßen sie alle in einem Wirtshaus zusammen und zechten in fröhlicher Runde. Da begann der neidische Nebenbuhler einen Streit mit einem anderen Kameraden. Ein Wort gab das andere, und sie beleidigten sich gegenseitig mit harten Worten. Der Bräutigam ging zu ihnen, um den Streit zu schlichten, aber plötzlich riß der Nebenbuhler dem nahestehenden Bräutigam den Degen aus der Scheide und erstach den Kameraden.

Alles ging so schnell, daß die übrigen Kameraden den Vorfall nicht genau beobachten konnten. Der Bräutigam wollte dem Getroffenen zu Hilfe kommen und wurde so beim Sterbenden von der eilig herbeigerufenen Polizei gefunden. Da sein blutiger Degen gegen ihn zeugte, wurde er verhaftet. Der wahre Mörder aber konnte entfliehen. Das Hardengericht sprach den Bräutigam schuldig. Er wurde zum Tode durch des Henker's Schwert verurteilt. Sein Gnadengesuch an den königlichen Amtmann wurde abgelehnt. So wurde er bald darauf auf dem Richtplatz öffentlich geköpft. Die unglückliche Braut folgte ihm, von Gram verzehrt, bald in den Tod. Sieben Jahre waren seit der Zeit vergangen, als der wahre Mörder, der in der ganzen Welt herumgeirrt war, nach Tondern zurückkehrte. Um seiner Seele Ruhe zu verschaffen, bekannte er dem Hardesvogt seine Schuld, denn er hatte ja den Degen des Bräutigams seinerzeit auf seinen Kameraden gerichtet.

Er bat die Mutter des Verstorbenen, sein ansehnliches Vermögen als Erbin anzunehmen, was diese aber ablehnte. Doch heimlich versteckte der Mörder sein Vermögen in ihrem Haus, wo es später entdeckt wurde. Bevor der Mörder seiner gerechten Strafe zugeführt wurde, ließ er mit Einwilligung

des Hardesvogts die Leiche des Bräutigams ausgraben und aus der ungeweihten Erde am Richtplatz in ein ordentliches Grab betten. Auf dieses Grab ließ er einen blauen Stein legen, worauf ein Herz mit einem Kreuz eingemeißelt war. Da aber ein unschuldig Hingerichteter unter dem Stein lag, tröpfelte alljährlich in der Nacht des Mordes Blut aus dem Herzen. Die Mutter des Ermordeten kaufte von dem Geld, das sie gefunden hatte, bei Tondern einen Hof und nannte ihn 'Dürhuus', teures Haus aus schlimmer Zeit, weil sie ihn durch den Tod ihres Sohnes erhalten hatte.
(Nordschleswig)

Der alte Sönnik

Im kleinen Dorf Toftum wohnte ein ehrbarer, angesehener alter Mann namens Sönnik. In aufopferungsvoller Weise kümmerte er sich um seine Nachbarin, die keine Angehörigen hatte und schon viele Wochen schwer erkrankt war. Ein anderer Dorfbewohner hatte gehört, daß die bettlägerige Frau dem alten Sönnik als Dank für seine Hilfe ihr Anwesen zugesprochen hatte und ließ es den Hardesvogt wissen, denn seiner Meinung nach war das rechtswidrig. Der Hardesvogt gab zwar nichts auf die Aussagen des Bewohners, ließ aber, nachdem die Frau gestorben war, den alten Sönnik vorladen. Da nun aber kein schriftliches Testament vorlag, sprach der Hardesvogt in seinem Urteil das Land dem König zu. Eines Morgens hörte man von der Dorfkirche die Totenglocke läuten. Die Toftlunder Kirche lag etwas außerhalb des Dorfes auf einem Hügel, daher konnte man das Geläut in weitem Umkreis hören. An jenem Morgen wunderten sich die Leute im Dorf darüber, daß ununterbrochen geläutet wurde. Man hatte nichts davon

gehört, daß jemand im Sterben gelegen hatte. Endlich stieg der Pastor hinauf in den Glockenturm. Da stand der alte Sönnik und hatte nun schon zwei Stunden ununterbrochen geläutet. Der Pastor fragte ihn, warum er nicht aufhöre zu läuten, und der alte Sönnik antwortete: „Ich läute für das Recht! Es ist tot, und wir läuten ja immer dreimal, wenn jemand tot ist!"
(Nordschleswig)

Der Bannspruch des Pastors

Einst wohnte im Dorf Törning in einem Haus neben der Mühle ein Hardesvogt, der im Laufe seiner Amtszeit vielen Menschen Unrecht getan hatte, denn aufgrund seiner Stellung hatte er sich überall nur Vorteile verschafft. Besonders der Mühlenbesitzer hatte unter ihm zu leiden, denn er mußte bei seinem kargen Verdienst dem Hardesvogt immer ein Kilo Mehl mehr abwiegen, das der ihm nicht bezahlte. Eines Tages erkrankte der Hardesvogt schwer und starb, aber er konnte nach seinem Tode nicht in Frieden ruhen. In jeder Nacht zu mitternächtlicher Stunde kam sein Geist zur Mühle, und der verängstigte Mühlenbesitzer hörte seinen eindringlichen Befehl, ein Kilo Mehl mehr abzuwiegen. Die Leute von Törning kamen dem Mühlenbesitzer zu Hilfe, und sandten einen Boten zum Pastor nach Ries, der ein besonders kluger Mann sein sollte. Sie wollten seinen Rat. Schon am selben Abend befahl der Pastor seinem Kutscher, ihn am nächsten Morgen in aller Frühe zur Mühle zu fahren, aber — und das solle er sich merken — erst abzufahren, wenn er den Befehl 'in Gottes Namen' gegeben hätte. Als nun der Kutscher am nächsten Morgen die Pferde vor die Kutsche gespannt hatte, kam der Pastor zweimal zu ihm, setzte sich auf die Kutsche und befahl ihm, zu fahren. Der Kutscher weigerte sich. Er gehorchte dem Befehl des Pastors erst, als dieser gesagt hatte: „Fahr endlich zu in Gottes Namen!" Auf dem Weg zur Mühle hatte der Kutscher einige Schwierigkeiten. Plötzlich begann das Pferd zu lahmen, was sich aber nach kurzer Zeit wieder gab. Dann blockierte das linke Rad der Kutsche, aber der Kutscher konnte es wieder gangbar machen. Der Pastor wußte, daß es der Geist des Hardesvogts war, der ihm diese Schwierigkeiten bereitete, die er jedesmal mit den Worten 'Fahr zu in Gottes Namen' aus dem Wege räumte. Endlich kam er zur Mühle, wo ihn der Mühlenbesitzer schon erwartet hatte.

Der Pastor begann sofort damit, den Geist des Hardesvogts zu bannen, indem er laut aus der Heiligen Schrift las. Im Glauben, daß der Geist nun gebannt sei, wollte er die Mühle wieder verlassen, aber der Mühlenbesitzer hielt ihn zurück, denn immer noch vernahm er die Stimme des Hardesvogts. Erneut las der Pastor aus der Bibel, aber es nützte nichts, der Mühlenbesitzer hörte die Stimme immer noch. Nun glaubte der Pastor den Grund zu wissen, warum der Geist nicht gebannt werden konnte. Er erinnerte sich seiner selbst und bekannte mit lauter Stimme: „Es war, als ich Student war! Ich stahl dem Bäcker eine Semmel. — Hier ist ein Schilling, jetzt hast du keine Forderungen mehr!" Er warf die Münze in den sich drehenden Mahlstein, wo sie von den schweren Steinwerken zermahlen wurde. Von diesem Augenblick an war der Geist des Hardesvogts gebannt, und die Leute im Dorf und der Mühlenbesitzer hatten wieder ihre Ruhe. Ihrem Pastor waren sie nicht böse, daß er seine Untat bekannt hatte, denn für sie war die Schuld dadurch beglichen, daß er den Schilling geopfert hatte.
(Nordschleswig)

Der Mantel in der Bülderuper Kirche

Inmitten einer hügeligen Ostseelandschaft liegt an einer Förde die schöne Stadt Apenrade. Zwischen dieser Stadt und der Stadt Flensburg erstreckt sich ein Landrücken, der von alters her Wornhoi, aber auch Urnehöved heißt. Diese historischen Bezeichnungen deuten auf alte Versammlungsplätze und Urnenfriedhöfe hin. Es wird berichtet, daß hier bis ins Mittelalter der Landtag des Landes unter freiem Himmel tagte, aber auch das Thing sich versammelte. Während der Landtag über politische und wirtschaftliche Belange beriet und beschloß, verhandelte das Thing unter Vorsitz eines Hardesvogts über Rechtsfragen, Streitigkeiten und Verbrechen. Im Landtag waren der Adel des Landes und abgeordnete Bauern vertreten. Hier wurden auch die Herzöge in ihr Amt gewählt. Ins Thing wurden nur Auserwählte aus Adel und Volk gewählt. Der Hardesvogt war Gerichtsherr, war aber von den letzten Entscheidungen des Königs abhängig.

Ein König hatte einst zwei Söhne. Der ältere Sohn zog mit einer kleinen Heerschar außer Landes, weil er sich mit seinem Vater nicht besonders gut verstand, sich aber auch auf Feldzügen bewähren wollte. Er wollte erst heimkehren, wenn sein Vater gestorben war, um dann sein Nachfolger zu werden. Der jüngere Sohn aber, der zu Hause geblieben war, machte ihm das Recht der Thronfolge streitig. Bestärkt durch die Gunst seines Vaters war er aber bereit, sich an einem geheimen Ort mit seinem älteren Bruder zu treffen, um sich mit ihm gütlich zu einigen. Alle Mühe aber war vergeblich, denn der ältere Bruder bestand auf die Nachfolge. Er fühlte sich auch so sicher, daß er damit einverstanden war, dem ältesten Hardesvogt des Landes die entgültige Entscheidung zu überlassen. Der Hardesvogt

Nis Hansen von Heistruphof war der Älteste. Er erhielt den Auftrag, das Urteil zu sprechen. Damit er die Sache gut bedenken konnte, bekam er ein Jahr Zeit. Der kluge Mann sah ein, daß er, wie er auch entschied, sich immer eine Partei zum Feinde machen würde. Dieser Gefahr aber wollte er durch eine List entgehen. Wenn er es recht bedachte, war ihm der jüngere Prinz sympathischer, weil dieser nicht außer Landes gegangen war und auch vom Volk sehr geliebt wurde. Denn oft ritt er mit seinem kleinen Gefolge durch das Land, um sich an Ort und Stelle über die Probleme der Menschen zu unterrichten. Er sprach mit dem einfachen Volk, ohne seine 'Hoheit' hervorzukehren. Das ging dem Hardesvogt durch den Kopf, aber er mußte gerecht entscheiden und überlegte, was zu tun sei. Da kam ihm eine Idee! Er besaß ein schönes, milchweißes Pferd. Von nun an fütterte er es persönlich jeden Tag mit Semmeln und Milch, damit es stark und schnell würde. Er ritt hinaus auf die Felder und übte das Pferd im Springen und im Rennen. Kein anderes Pferd sollte seinem Pferd an Kraft und Schnelligkeit gleichkommen. Dann kaufte er sich einen langen, rotwollenen Mantel.

Als nun der Tag des Things kam, zog er sich den Mantel über, setzte sich auf sein Pferd und ritt hinauf zum Thingplatz, der zu diesem wichtigen Anlaß eigens mit Steinen belegt worden war. Die beiden Prinzen waren schon in Begleitung bewaffneter Knappen erschienen. Der Hardesvogt ritt auf sie zu und rief mit lauter Stimme: „Des Landes Leute halten's mit des Landes Kinde!" Dann warf er sein Pferd herum und ritt auf das nahegelegene Dorf Bollersleben zu. Die Reiter des älteren Prinzen waren mit Pfeil und Bogen bewaffnet und folgten ihm. Sie überschütteten ihn mit Pfeilen. Doch der lange rote Mantel des Hardesvogts blähte sich im Wind auf, und die Pfeile blieben im

Andersen
1985

Stoff hängen, ohne den Reiter zu verletzen. Endlich kam er zum Dorf, wo mehrere Wagen den Weg versperrten. Die Bauern wollten ihm Platz machen, aber er rief ihnen zu: „Laßt alle Wagen stehen wo sie stehen!" Dann setzte sein Pferd mit einem gewaltigen Sprung über das Hindernis hinweg. So entkam er seinen Verfolgern, die hier anhalten mußten. Er war ihnen weit voraus und erreichte bald einen dichten Wald, in dem er sich solange verborgen hielt, bis die Gefahr vorüber war und die Verfolger ihre Suche aufgegeben hatten. Unbehelligt kehrte er nach Hause zurück. Der junge Prinz war außer sich vor Freude. Nach dem Tode des alten Königs wurde er sein Nachfolger, und aus Dankbarkeit schenkte er dem Hardesvogt die Freiheiten für den von ihm bewirtschafteten Hof. Das bedeutete, daß der Hardesvogt von seinen Abgaben an den König befreit war. Auch wurden seine Knechte nicht zu den Soldaten berufen, wenn der König ins Feld ziehen wollte. Zum Andenken an die glückliche Entscheidung übergab der Hardesvogt seinen roten Mantel, der schwer von Pfeilen gespickt war, der Bülderuper Kirche. Noch im Jahre 1786 hing der Mantel dort, fiel aber eines Tages ganz vermodert herunter und wurde mit dem Schutt hinausgefegt.
(Nordschleswig)

Das schaumbedeckte Pferd

Im Dorf Harris wohnte einst ein alter Hardesvogt, der durch seine schwere Krankheit dem Tode nahe war. Die Leute im Dorf erzählten sich, daß die Krankheit die Strafe für die jahrelange Drangsalierung war, der sie unter seiner rücksichtslosen Herrschaft ausgesetzt waren. Als der Hardesvogt dann gestorben war, gab es immer noch keine Ruhe im Dorf, denn nachts

ging sein Geist um. Man erzählte sich, daß der Hardesvogt zur mitternächtlichen Stunde auf seinem Pferd das Dorf umritt und dabei auf die Kirche schaute. Auch am Tage seiner Beisetzung soll er vor seinem Gefolge auf seinem eigenen Hof angekommen sein, wo zum Totengedenken eine Kaffeetafel hergerichtet worden war.
Die Leute fürchteten sich, und das am hellichten Tag! Als der Pastor nach dem 'Beerdigungskaffee' nach Hause gekommen und in sein Arbeitszimmer gegangen war, hörte er einige Zeit später, wie hart an die Haustür geklopft wurde; die Magd ging hin und öffnete. Sie schloß die Tür bald wieder, kam zum Pastor und sagte: „Es hatte geklopft, aber es war niemand draußen!" Der Pastor war nicht sonderlich überrascht und sagte: „Wenn es wieder klopft, und zum dritten Mal, dann will ich selber nachschauen!"
Bald klopfte es wieder, aber die Magd blieb in der Küche und rührte sich nicht. Als es dann nochmals klopfte, da hörte sie den Pastor zur Tür gehen und sie öffnen. Sie horchte an der Tür und erkannte die Stimme des Hardesvogts, der sagte: „Hilf mir, denn ich finde keine Ruhe!" Dann hörte sie den Pastor sprechen, ohne ihn jedoch zu verstehen. Der Pastor kam zurück, aber er sprach kein Wort. Draußen hörte man ein Pferd davongaloppieren, doch es kam nach kurzer Zeit ohne Reiter zurück. Um endlich Ruhe zu bekommen, ließ der Pastor das Pferd des Hardesvogts verkaufen, aber man fand es auch dann noch jeden Morgen schaumbedeckt nach einem nächtlichen Ritt vor seiner Tür stehen. Inzwischen hatte der König einen neuen Hardesvogt in sein Amt bestellt. Dieser befahl, das Pferd zu töten. Da endlich kehrte Frieden in das Dorf ein, und die Bewohner konnten wieder ruhig schlafen.
(Nordschleswig)

Hochmut kommt vor dem Fall

Der Landvogt Johann Preuß von Fockebüll und seine Frau Magdalena besaßen ein sehr großes Anwesen. Die Ländereien Freesmark und Ringswarf am Rutebüller See gehörten dazu. Es war gutes Marschland, dicht am Nordseedeich gelegen. Daher gehörten Johann Preuß und seine Ehefrau zu den wenigen reichen Landsleuten, die es in diesem Lande gab. Der Reichtum hatte Frau Magdalena hochmütig gemacht. Sie war tagaus tagein damit beschäftigt, sich zu schmücken und herauszuputzen, um sich von den Leuten bewundern zu lassen. So ließ sie sich einmal in aller Pracht in ihrer offenen Kutsche am Rutebüller See entlangfahren. Dort traf sie auf einige Fischer, die am Ufer mit ihren Netzen beschäftigt waren. Sie ließ die Kutsche anhalten, stieg aus und watete durch Pfützen den aufgeweichten Weg zum Ufer hinunter.

Die Fischer waren sehr überrascht und einer rief: „Gebt acht, ihr werdet euch die schönen Kleider verderben!" „Was schadet es schon, wenn ich mir die Kleider verderbe", rief die Frau hochmütig, „wenn ich nach Hause komme, werfe ich sie ohnehin fort und ziehe mir neue an!" Die verständnislosen Blicke der Fischer hielt sie für Bewunderung. Sie lachte übermütig, zog einen kostbaren Ring vom Finger, ließ den Edelstein in der Sonne blinken und warf den Ring in hohem Bogen in den See. „Seht her", rief sie, „so gewiß, wie ich diesen Ring niemals wiedersehen werde, so gewiß ist es, daß ich niemals arm werde!" Dann bestieg sie wieder ihre Kutsche und fuhr davon.

Es war noch kein Jahr vergangen, da fing einer der Fischer einen großen Hecht. Er gab ihn seiner Frau zum Ausnehmen. Diese fand im Magen des Fisches den kostbaren Ring der reichen Frau und brachte ihn sofort zurück. Frau Magdalena

sah den Ring, fühlte ein Schaudern, legte ihn dann aber zu ihren anderen Schmuckstücken in die überfüllte Kassette. Ohne Dank oder Lohn für ihre Ehrlichkeit erhalten zu haben, ging die Fischersfrau heim. Doch von diesem Tage an gab es kein Glück mehr im Hause des Großgrundbesitzers Johann Preuß. Geschäfte mißlangen, Mißernten häuften sich, und schließlich vernichtete ein Großfeuer das Anwesen.
Vor Kummer über so viel Unglück verstarb Johann Preuß und hinterließ seiner Frau Magdalena nichts, so daß sie nun bitterste Armut kennenlernen mußte, mit der sie kaum fertig werden konnte. Eine alte Magd, die früher unbeachtet und ungeliebt bei ihr im Dienst gestanden hatte, nahm sie voller Mitleid bei sich auf, gab ihr Kleider aus Klattwolle und bot ihr ein Lager aus feinen Laken.
Die vormals so reiche Frau Magdalena war überrascht und fragte die Magd, wie sie zu diesen schönen Dingen gekommen sei. Die Magd erwiderte, daß es Sachen seien, die sie, die einst so reiche Frau, selbst einmal bedenkenlos fortgeworfen hätte. Sie habe sie stets sorgsam aus den Abfällen herausgesammelt. Auf Dauer aber konnte die Magd ihre frühere Herrin auch nicht beherbergen, denn ihre Kate war sehr klein und eng. So blieb der Frau, die für ihren Hochmut hart bestraft worden war, nur noch ein Obdach in einem Armenhaus in Tondern, wo sie bald in größter Armut und Einsamkeit starb.
(Nordfriesland)

Der Mörder

In einem nordfriesischen Dorf nahe der Stadt Niebüll wurde einst ein Mann, der eine Mordtat begangen hatte, begraben, ohne daß seine Untat gesühnt worden war, denn man hatte

ihm die Tat nicht nachweisen können. In der Nacht nach der Bestattung bemerkte der Turmwächter der Kirche, daß um elf Uhr der Tote aus dem Grab aufstand, sein Totenhemd auf das Grab schleuderte und bis zwölf Uhr zwischen Kirchhof und dem nahegelegenen Galgenplatz hin und her wanderte. Um zwölf Uhr zog er dann schnell wieder sein Totenhemd an und sank in sein Grab zurück.
Der Wächter meldete den Spuk der Obrigkeit. Diese ließ das Grab öffnen. Da der Tote aber in derselben Stellung wie vorher lag, erhielt der Wächter eine Rüge und wurde von den Leuten ausgelacht.
In der folgenden Nacht paßte der Wächter besser auf. Genau um elf Uhr stand der Tote wieder auf, warf die Leichenkleider von sich und ging zum Galgenplatz. Um nun den Leuten den Beweis zu geben, lief der Wächter schleunigst zum Kirchhof hinüber und holte die Leichenkleider zu sich in den Kirchturm hinauf. Dort wartete er zitternd vor Angst und in Ungewißheit darüber, was jetzt wohl geschehen würde.
Gegen zwölf Uhr fand der Tote sich wieder an seinem Grab ein. Da aber seine Kleider fort waren, stieß er ein unheimliches Geheul aus und blickte zum Wächter hinauf. Dann ging er in den Kirchturm und stieg die steile Treppe empor. Da schlug endlich die Uhr zwölf! Der Tote rief draußen auf der Treppe: „Das war dein Glück, sonst hätte ich dich zermalmt!"
Am folgenden Tag zeigte der Wächter den Leuten das Totenhemd. Der Tote wurde nun ausgegraben und ohne sein Totenhemd nackt unter dem Galgen auf dem Galgenberg bestattet. Von dieser Zeit an hat sich der Spuk nicht mehr sehen lassen.
(Nordfriesland)

Der Blutfleck in der Kirche

In der Nikolaikirche der Stadt Kiel soll der Teufel vor langer Zeit eine grauenvolle Tat begangen haben. Nach einem gemeinsamen Lied der andächtigen Gemeinde bestieg der Pastor die Kanzel und begann seine Predigt. Das war der Moment, in dem sich die Chorknaben in einen Winkel hinter der Orgel begaben, denn nun hatten sie endlich Zeit, ihrem lustigen Kartenspiel nachzugehen. Beim Spiel erzählten sie sich derbe Witze und neckten sich gegenseitig. Einer der Knaben hatte ein schlechtes Spiel und stieß daher einen fürchterlichen Fluch aus. Da kam plötzlich der Teufel hinter der Orgel hervor, packte ihn und drehte ihm den Hals um. Aus einer tiefen Wunde spritzte Blut an die Wand, worauf der Teufel mit dem Knaben zum Fenster hinausfuhr und verschwand. Der Blutfleck soll heute noch zu sehen sein und ist durch Übertünchen nicht wegzubringen. Auch das Fenster soll nicht wieder eingesetzt worden sein, denn jedesmal, wenn man es versuchte, dann zersprang das Glas sogleich wieder.
(Kiel)

Zwischen Klixbüll und Gasthafen

Vor 1860 führte noch ein Sandweg über einen ausgedienten Seedeich von dem nordfriesischen Ort Klixbüll nach Niebüll. Moderne Verkehrsmittel gab es noch nicht, aber die Klixbüller wußten sich zu helfen, wenn sie einmal nach Niebüll wollten. Dabei spielte das Wirtshaus 'Gasthafen', zwischen den beiden Orten gelegen, eine wichtige Rolle. Wenn ein Klixbüller nach Niebüll wollte, dann wurde auf dem Wirtshaus 'Pulverturm' im Ort an einem Stock ein Tuch herausgehängt. Daraufhin ließ

man in 'Gasthafen' den alten Schimmel 'Felix' ohne Begleitung nach Klixbüll laufen. 'Felix' kannte sich aufgrund seiner jahrelangen Erfahrung gut aus und kam schon bald in Klixbüll an, wo ihn ein Passant in Empfang nahm. Er ritt nun auf dem Schimmel nach 'Gasthafen' zurück, und von dort war es bis Niebüll nicht mehr weit. Die Wege waren seinerzeit sehr schlecht. Bei schlechtem Wetter dauerte es mitunter sehr lange, bis der Schimmel ankam. Oft mußte der Passant daher die Strapazen im Wirtshaus mit einem großen nordfriesischen Teepunsch begießen. Wo der Schimmel 'Felix' seinen Reiter absetzte, blieb er solange stehen, bis er wieder von einem anderen Passanten gebraucht wurde.
(Nordfriesland)

Herzog und Bauer

Als der schleswig-holsteinische Herzog Friedrich kurz nach 1500 die Wiedingharde in Nordfriesland eindeichen ließ, wollte der Bauer Matz Lützen sein Land für den Deichbau nicht hergeben. Auch sollte der Deich dann dicht an seinem auf einer Warf (Hügel) gelegenen Hof vorbeiführen. Zu einem Beauftragten des Herzogs sagte er: „He wolde den, de dat erste Spitt van sinem Lande wurde späten, den Hals entwey schlagen!" Der Herzog bekam das zu hören.
Daher nahm er bei Baubeginn persönlich den Spaten zur Hand und warf ein paar Spitt Erde auf einen Wagen. Zu Matz Lützen gewandt sagte er: „Matz Lützen, noch lewe ick!" Der Deichbau wurde ohne Schwierigkeiten beendet, und später wurden Herzog und Bauer gute Freunde.
(Nordfriesland)

Die Drelsdorfer Sandberge

In grauer Vorzeit führten entlang der Ostküste und an der Nordseeküste Schleswig-Holsteins nur zwei Nord-Süd-Wege durch das Land. Es waren Heer- und Handelswege — auch Ochsenwege genannt —, die aus dem Norden Dänemarks kommend vor den Toren Hamburgs endeten. Diese beiden Wege spielten nur bis zum Beginn des 19. Jahrhunderts eine größere Rolle, zuletzt auch nur noch als Driftwege für die riesigen Ochsenherden, die in Husum und in Hamburg auf den Markt kamen. Der Ochsenweg führte auch am Dorf Drelsdorf vorüber, in dessen Nähe ein sandiges Heidegebiet lag.
Es wanderten einmal zwei Riesen den Ochsenweg entlang nach Drelsdorf. Sie hatten einen langen Weg hinter sich und wollten sich etwas ausruhen. Die Wanderung durch den tiefen Sand des Weges war doch sehr schwer gewesen. In der Drelsdorfer Heide rasteten sie. Von müden Füßen zogen sie ihre großen und schweren Holzpantoffeln und kippten den Sand aus. Dann streckten sie sich lang aus und schliefen ein. Der Sand aus den Holzpantoffeln liegt heute noch dort. Es sind die Drelsdorfer Sandberge.
(Nordfriesland)

Der Bullenberg bei Itzehoe

Östlich vom 'Lockstedter Lager' in der Nähe der Stadt Itzehoe liegt eine Niederung, die die Form eines großen Schuhabdrucks hat. Die Bewohner nannten diese Niederung früher die 'Riesenspur'. Man erzählte sich, daß einst ein Riese nach Itzehoe unterwegs gewesen war, der schon viele Tage und Nächte

durch den tiefen Sand gewandert und jetzt müde geworden war. Kurz vor Itzehoe hatte er die sumpfige Niederung erreicht, in die er mit einem Fuß tief einsank. Mit letzter Kraft konnte er den Fuß wieder herausziehen und lief auf den festen Sand zurück. In seiner Wut über sein Mißgeschick stampfte er in einen großen Sandhaufen und schob diesen mit einem einzigen Fußtritt zu einem Berg dicht vor die Stadt zusammen. So soll der Bullenberg bei Itzehoe entstanden sein.
(Itzehoe)

Die Klixbüll-Burg

In alter Zeit soll in Bosbüll bei Klixbüll eine mächtige Burg gestanden haben. Vom Burgtor führte eine Zugbrücke über einen breiten Burggraben, der die Burg umgab. Wenn diese Brücke abends heruntergelassen wurde, machte das einen Lärm, den man bis weit in die umliegenden Dörfer hören konnte. In der Nachbarschaft der Burg lag das Gut Swienbek. Der Gutsherr hatte sich bereits mehrmals beim Burgherrn über den Lärm beschwert. Ihr nachbarschaftliches Verhältnis war ohnehin seit Jahren getrübt, denn es standen immer noch alte Meinungsverschiedenheiten über die Grenzverläufe der Ländereien offen.
Nun wollte der Gutsherr endlich sein Recht durchsetzen und ließ den Burgherrn wissen, daß er das Hardengericht einschalten wolle, wenn er nicht von sich aus einlenken würde. Eines Tages ging der Burgherr persönlich zum Gut hinüber, um den Versuch zu machen, den Streit zu schlichten. Es kam aber schlimmer als zuvor zum Streit und zu heftigen Auseinandersetzungen. Der Burgherr geriet über die starre Haltung des

Gutsbesitzers dermaßen in Wut, daß er einen eichenen Stuhl nahm und ihn damit erschlug. Nach dieser schändlichen Tat floh er auf seine Burg zurück, aber der Knecht des Gutsherrn hatte ihn beobachtet und folgte ihm, um seinen Herrn zu rächen. Auf seinem schnellen Pferd erreichte er vor dem Burgherrn die Burg und erwartete dort den Mörder. Als der Burgherr ankam, erkannte er die Gefahr zu spät. Es gab für ihn keinen Ausweg mehr, er saß in der Falle. In seiner Not flehte er den Knecht um Gnade an, aber dieser verweigerte sie ihm, denn er war fest entschlossen, den Mörder seines Herrn zu töten. Der Burgherr bat den Knecht, seine Burg noch dreimal umreiten zu dürfen. Diese Bitte gewährte ihm der Knecht, denn er wollte den Burgherrn von seinem Besitz Abschied nehmen lassen. Der Burgherr umritt seine Burg einmal, kam am wartenden Knecht vorüber und ritt in die zweite Runde, aber jetzt wartete der Knecht vergeblich. Er machte sich sofort auf die Suche, aber ohne Erfolg, denn der Mörder war verschwunden, und niemand hat ihn jemals wieder gesehen. (Nordfriesland)

Nis de Bombüll

Der Name des bekannten holländischen Admirals Nis de Bombüll war ursprünglich Nis Ipsen. Er stammte aus der Wiedingharde. Als die Schweden im Dreißigjährigen Krieg durch das norddeutsche Land zogen, diente Nis Ipsen als Knecht auf dem Bauernhof 'Bombüll' bei Klanxbüll. Er war mit der Tochter des Hofbesitzers verlobt. Die Schweden hatten ihr Lager in der Nähe des Hofes aufgeschlagen. Ein schwedischer Offizier hatte die schöne Tochter des Hofbesitzers gesehen und wollte sie für sich gewinnen, aber sie ging ihm aus dem Wege und bat

ihren Verlobten, sie vor dem Schweden zu schützen. Eines Abends hatte sich der schwedische Offizier zum offenstehenden Fenster des Mädchens geschlichen, aber Nis Ipsen hatte ihn beobachtet. Gerade wollte der Schwede in die Kammer einsteigen, da packte Nis Ipsen ihn und erstach ihn nach kurzem Kampf mit seinem Messer. Für diese Tat wollten ihn die Schweden bestrafen, aber Nis Ipsen konnte noch gerade rechtzeitig fliehen und tauchte zunächst in Hamburg unter. Hier aber fühlte er sich auf Dauer nicht sicher genug und fuhr mit der Postkutsche nach Amsterdam weiter.
Er musterte auf einem holländischen Schiff an, das zu den Ostindienfahrern gehörte und ging auf seine erste große Seereise. Viele Jahre fuhr er als einfacher Matrose zur See und lernte auf diese Weise viel über die Seefahrerei. Auch nahm er an mehreren Seegefechten teil, wobei er einmal einen bekannten Seeräuber umbrachte. Weil Nis Ipsen ein entschlossener und mutiger Mann war, wurde er bald Kapitän eines Kriegsschiffes und ging später als Admiral in holländische Dienste.
Eines Tages, als er mit seinem Schiff in Amsterdam vor Anker lag, schrieb er seiner Braut in einem Brief: „Myn Grethe! — As du nogvan de Gesynning bist t'weck du weirst, do ick mit dy taglick op Bombell dende; so kam to my na der Haag un war myn Frow. Ick bin tegenwordig holländische Admiral. Nis de Bombell, vormalen Nis Ipsen, dyn getreue Brydigam."
Nis de Bombüll sandte eine Kutsche zu seiner Braut, die viele Jahre treu auf ihren Verlobten gewartet hatte, um sie abzuholen. Sie hatte schon viel von dem berühmten Admiral Nis de Bombüll gehört, freute sich sehr über seinen Brief und reiste mit der Kutsche nach Den Haag, wo sie dann die Ehefrau von Nis de Bombüll wurde.
(Nordfriesland)

Elke von Oland

Zwischen den großen nordfriesischen Inseln Sylt, Föhr und Amrum liegen im weiten Wattenmeer weitere kleinere Inseln, die Halligen. Sie sind zum größten Teil gegen die See ungeschützt, und bei Sturmflut dringen die Wellen bis an die Häuser vor, die auf kleinen Hügeln — den sogenannten Warften — liegen. Das Leben auf diesen Halligen ist besonders hart, daher halten die Menschen zusammen wie eine Familie. Wenn einer diese Familie für längere Zeit verlassen will, um in der Ferne sein Glück zu suchen, dann ist es ein schwerer Abschied. Auf der Hallig Oland wohnte vor langer Zeit in einer kleinen Kate das Mädchen Elke. Sie war allein, denn ihre Eltern waren beide in einer Sturmflut ertrunken und ihr einziger Bruder war fern auf See. Elke fühlte sich einsam und verlassen. Als der Bruder fortgegangen war, da hatte sie ihm versprochen, jede Nacht eine Lampe an das Fenster zu stellen, damit er bei seiner Heimkehr das Licht schon weit auf See erkennen könne. Nacht für Nacht brannte das Licht. Es vergingen viele Jahre, und immer saß Elke am Fenster, schaute auf die See hinaus und wartete. Auch die Leute auf den Nachbarwarften sahen das Licht und machten sich Sorgen, aber sie wollten sie nicht in ihrer einsamen Hoffnung belästigen und ließen sie allein. Eines Abends sahen sie, daß das Licht der Lampe erloschen war. „Der Bruder ist endlich gekommen!" riefen sie einander zu und eilten in die Kate zu Elke, um mit ihr die Freude über die Heimkehr des so geliebten Bruders zu teilen. Als sie aber in das Zimmer kamen, wo Elke immer am Fenster gesessen hatte, da saß sie an ihrem Platz neben der erloschenen Lampe, steif und starr an das Fenster gelehnt, als wenn sie noch hinausblickte, — sie war tot. (Nordfriesische Inseln)

Der verschworene Weg

Wie auf den übrigen nordfriesischen Inseln gibt es auch auf den Inseln Föhr und Amrum prähistorische Grabhügel — auch Hünengräber genannt — mit wohlklingenden und geheimnisvollen Namen wie 'Makhamhugh', 'Klöwenhugh' oder die 'Tribergem'. Diese Grabhügel liegen noch heute in unberührter, einsamer Heidelandschaft.
Vor vielen Jahren fürchteten sich die Inselbewohner noch, über die sandigen Wege zwischen den Hügeln zu gehen. Besonders an nebligen und regnerischen Tagen wollten sie krummen und buckligen kleinen Gestalten begegnet sein, die lachend und kichernd zwischen den Hügeln herumliefen. Es waren die Zwerge, die sich hier besonders in der Dämmerung tollten. Auf der Insel Föhr waren es die Odderbaantjes, die bekanntesten aller Zwerge. Sie waren von kleiner Gestalt, hatten einen ungewöhnlich großen Kopf, lange Arme, dünne und krumme Beine, verfügten aber über gewaltige Körperkräfte. Die Odderbaantjes waren fleißig und liebten die Ruhe nicht. Ihre Wohnung hatten sie in drei Hügeln, den 'Tribergem', aber sie zogen oft auch in andere Hügel bei Hedehusum, Goting oder Witsum. Wenn sie ihrer Beschäftigung nachgingen, auf der Heide nach Beeren suchten oder geschickt die Vögel beschlichen, um ihnen die Eier fortzunehmen, mieden sie vorübergehende Menschen, denn diese haßten sie. Sie verstanden es, sich immer schnell den Blicken der Menschen zu entziehen, und wenn sich ihnen kein Schlupfwinkel bot, dann verwandelten sie sich in Mäuse oder Frösche.
Nachts aber kamen sie aus ihren Hügeln heraus, tanzten und spielten, wobei sie das Gras so sehr niederdrückten, daß es sich nie wieder erhob. In den 'Tribergem' will man auch bei Tage

Odderbaantjes gesehen haben, aber es wird das lange, von den Kanten der Hügel herabhängende weiße Wurzelgeflecht gewesen sein, das große Ähnlichkeit mit den weißen Bärten der Odderbaantjes hatte. Daher nennt man das herabhängende Wurzelgeflecht auch 'Tribergems Bart'. In einem kleinen Wald auf der Insel Amrum findet man in einer Talsenke den Rest eines Weges, der 'Verswearne Wai' (verschworener Weg). Ob die Odderbaantjes auch diesen Weg auf ihren Streifzügen benutzt haben, ist nicht bekannt. Man weiß aber, daß auf diesem Weg einst Bewohner zum Thingplatz geführt worden sind, die einen Meineid geschworen hatten. Durch diesen falschen Schwur sollen sie das Gut unmündiger Kinder, die ihre Eltern verloren hatten, an sich gebracht haben. An der Stelle, wo sie einst den Meineid geleistet hatten, soll später nur noch schlechtes Korn gewachsen sein. Auch ihr Fußtritt auf dem Rückweg vom Thing soll Segen und Gedeihen von den Äckern und Feldern genommen haben.
(Nordfriesische Inseln)

Der gedeckte Tisch der Unterirdischen

Wenn sich der Sage nach die Unterirdischen auch überwiegend auf den nordfriesischen Inseln aufgehalten haben sollen, wo sie als Zwerge ihr Unwesen getrieben haben sollen, so wird auch aus anderen Landschaften über sie berichtet. Auf einem Berg an einem Weg zur Stadt Kiel sollen die Unterirdischen lange Zeit ihr Mittagsmahl gehalten haben. Besonders im Sommer, wenn es sehr warm war und die Sonne schien, will man sie dort gesehen haben. Wenn sich Fremde ihrem Platz näherten, dann verschwanden sie schnell hinter dem Berg,

denn sie waren sehr scheu. Den Fremden schien es aber, als sei der Tisch für sie gedeckt, denn es standen Teller und silberne Gabeln bereit, und sie konnten aus der großen Suppenschüssel soviel nehmen, wie sie mochten, nur mußten sie ruhig und bescheiden bleiben. Einmal soll sich ein Junge heimlich dem gedeckten Tisch genähert und eine silberne Gabel genommen haben. Seit der Zeit will man die Unterirdischen nicht mehr gesehen haben, und die Leute wunderten sich darüber. Sie fanden bald heraus, daß der Junge die Gabel gestohlen hatte und forderten ihn auf, diese auf den Tisch zurückzulegen. Als der Junge sich dem Berg näherte, stand plötzlich der gedeckte Tisch wieder vor ihm. Er legte die silberne Gabel an den Platz zurück, von dem er sie genommen hatte, und sogleich verschwand der Tisch wieder in der Erde. Seitdem sollen die Unterirdischen den Berg für immer verlassen haben, denn man hat sie niemals mehr gesehen.
(Kiel)

Die gesalzenen Heringe

Ein Schalk an der Wasserkante war einst der friesische Robbenschläger und Transchlucker Pua Modders, von dessen derben Streichen man sich auf den Inseln bis nach Jütland hin lustige Geschichten erzählte. Einmal, als die Robben von den Küsten der Inseln Föhr und Sylt fortgezogen waren, ging Pua Modders auf Heringsfang. Er salzte die gefangenen Fische, packte sie in Holzkisten und fuhr damit nach Büsum in Dithmarschen, wo er sie verkaufte. Einige Leute aus dem nahegelegenen Ort Wesselburen kauften von den gesalzenen Heringen, kosteten davon und fanden sie vortrefflich. Der

Schalk Pua Modders hörte, wie sie untereinander beratschlagten, und riet ihnen, doch gesalzene Heringe mitzunehmen und in ihrem Dorfteich daheim auszusetzen. Dann hätten sie das ganze Jahr wohlschmeckende Fische und brauchten den weiten Weg nach Büsum nicht machen.
Die Leute von Wesselburen kauften Pua Modders einige Kisten Fisch ab, fuhren nach Hause und setzten die Tiere sogleich im Dorfteich aus. Im Herbst wurde dann auf Gemeindekosten ein großes Netz gekauft, und das ganze Dorf versammelte sich um den Teich und wartete gespannt auf den Fischzug. Aber, so sehr man auch das Netz durch das Wasser zog, man fischte nichts als eine tote Katze und einen alten Bauernstiefel. Da beschlossen sie, Pua Modders um Rat zu fragen und baten ihn, nach Büsum zu kommen, wo man ihn feierlich mit einem geschmückten Wagen abholte. Pua Modders sah sich die Sache an und meinte, man solle doch das Wasser ablaufen lassen, dann müßte sich ja zeigen, wo die Fische geblieben seien. Das Wasser lief ab, aber es zeigte sich nichts als ein großer, dicker Aal, der hilflos im Schlamm auf dem Grund lag. Kein Zweifel, er hatte die Fische alle gefressen und sollte dafür büßen. Einige wollten ihn zur Strafe schlachten und verzehren, anderen war diese Sanktion aber nicht hart genug. Pua Modders meinte schließlich, man solle den Aal im nahen Bach ersäufen. Pua Modders zog den Aal in einen Korb und schleppte ihn zum Bach. Im Wasser begann der Fisch sich zu winden, und einige meinten mitleidig, das arme Tier scheine doch Todesschmerzen auszustehen. Daher knüpfte der Küster an den Aal einige erbauliche Bemerkungen über die Bitternis des Todes. Pua Modders spielte sein schalkhaftes Spiel so gut, daß die Leute nicht einmal merkten, daß sie verulkt wurden. Feierlich brachten sie den Robbenfänger zurück nach Büsum,

von wo Pua Modders zu den Inseln zurückkehrte und dort noch lange seine lustigen Streiche vollführte, die ihn so berühmt gemacht hatten.
(Nordfriesische Inseln)

Der Pastor irrte sich

Wenn Pua Modders nicht gerade auf Robbenfang war, dann trieb er sich überall friedenstörend und schadenfroh herum und scheute sich nicht, auch an heiliger Stätte seine Streiche zu spielen. Eines Tages fuhr er hinüber zur Insel Föhr und ging im Westteil der Insel an Land. Er wollte einmal sehen, was die Föhringer vorhatten, aber die waren gerade auf dem Kirchgang; und da er sonst niemanden vorfand, mit dem er hätte sprechen können, ging er ebenfalls in die Kirche. Er setzte sich nahe der Kanzel hinter eine Schar Kinder, die bereits andächtig in einem Gesangbuch lasen. Die Kirchentür wurde verschlossen, die Glocken schwiegen. Der Pastor bestieg würdigen Schrittes die Kanzel und begann seine Predigt.
Zunächst schien es so, als ob Pua Modders andächtig der Predigt zuhörte, aber dann konnte er es doch nicht lassen. Vorsichtig, damit andere es nicht bemerkten, tastete er mit seinen Fingern durch die Spalten der Bank, auf der die Kinder saßen und kniff und kitzelte sie. Erst zuckten die Kinder nur zusammen, drehten sich zu ihm um und sahen ihn groß an. Pua Modders saß aber da mit ernstem und andächtigem Gesicht, daher wandten sich die Kinder wieder dem Pastor zu. Erneut tastete Pua Modders vorsichtig durch die Spalten, kniff und kitzelte wieder, aber diesmal hatte er fester zugepackt, und die Kinder begannen laut zu lachen. Pua Modders tat es wieder und

wieder; schließlich entstand dabei solcher Lärm, daß der Pastor erheblich in seiner Rede gestört wurde und die Kinder scharf anfuhr. Nun konnten sich aber die Eltern der Kinder, die auf der Bank vor ihnen saßen, nicht mehr zurückhalten, denn sie waren über die scharfen Worte des Pastors empört. Wenn sie auch der Predigt des Pastors bis zum Schluß zuhörten, nachher wollten sie sich aber bei seiner vorgesetzten Behörde beschweren. Pua Modders hatte vorsichtshalber leise das Gotteshaus verlassen, denn er wollte damit natürlich nichts zu tun haben. Er segelte nach Sylt zurück und ließ sich länger nicht wieder auf Föhr sehen. Einige Zeit später wurde der Pastor an einen anderen Ort versetzt.
(Nordfriesische Inseln)

Der tapfere Anders

Im Jahre 1777 fuhren Wal- und Robbenfänger mit ihren Booten nach Grönland, um vor der Insel zu jagen. Über hundert mutige Männer von den Inseln Föhr, Sylt und Römö hatten sich für dieses Unternehmen anheuern lassen. Es sollte eine Fahrt durch eisige Stürme in den Tod werden. Sie erreichten Grönland, machten auf ihrer Jagd reiche Beute und wollten die Rückfahrt antreten, als sie merkten, daß ihnen das Eis den Rückweg versperrt hatte. Von allen Seiten kamen die Eisschollen auf ihre Boote zu, denn der Sturm hatte sie gegen die Küste der Insel gedrückt. Ein Boot nach dem anderen wurde vom Eis eingeschnürt, langsam zusammengepreßt und zerdrückt. Die Männer beschlossen nun, sich zu Fuß über das Eis nach Grönland durchzuschlagen. Wenn die Küste auch nahe vor ihnen zu liegen schien, so waren es doch viele Meilen bis

dort. Nachdem auch das letzte Boot zerbrochen war, begannen sie ihre beschwerliche Wanderung. Das Eis hatte sich hoch aufgetürmt zu scharfkantigen Haufen und war brüchig.
Viele Wochen wanderte der todmüde Haufen durch diese wilde, von eisigem Sturm durchbrauste Eiswüste. Die Nächte verbrachten sie erstarrend in armseligen Schneehütten, und der Tod folgte ihnen auf den Fersen. Unter ihnen war auch der zwölfjährige Anders Mikkelsen aus List auf Sylt. Zunächst hatte man ihn nicht mitnehmen wollen, weil er so jung war. Aber er hatte sich nicht zurückdrängen lassen und darauf bestanden, mitgenommen zu werden. Weil er kräftig gebaut war und mutig auftrat, hatte man ihn schließlich doch auf ein Boot geholt. Nun erregte er die Bewunderung seiner Kameraden, denn er hielt tapfer mit ihnen Schritt, wenn er auch oft vor bleierner Ermüdung zusammenzubrechen drohte. Um die Kleidung der Männer hatte sich ein schwerer Eispanzer gelegt, der viele von ihnen stürzen ließ.
Auch der tapfere Anders konnte kaum noch das Gewicht tragen, und das Eis hatte tiefe Wunden gescheuert. Kurz entschlossen warf er ein Kleidungsstück nach dem anderen von sich und setzte fast nackt den Todesweg über das Eis fort. Immer wieder rieb er sich seinen Körper mit Schnee ab, schlug klatschend die Hände auf die Haut und erreichte so den nächsten Rastplatz, wo sich die Männer in ihrer eiligst erbauten Schneehütte dicht zueinander legten und sich gegenseitig wärmten. Der Haufen war immer kleiner geworden, denn viele waren nach und nach zusammengesunken und erfroren. Mit dem Rest schaffte es auch der kleine Anders, die Küste von Grönland zu erreichen, wo sie dann endlich gastfreundlich in den Hütten der Bewohner versorgt wurden.
(Nordfriesische Inseln)

Die Todesgöttin Hel

Im altgermanischen Glauben war Hel die unterirdische Göttin des Totenreichs. Sie war die Tochter des tückischen Dämons Loki, der in vielerlei Gestalt in Erscheinung trat. Auch auf den nordfriesischen Inseln, besonders auf Sylt und Föhr, war Hel — auch Hal genannt — die gefürchtete Todesgöttin.
Die Menschen waren so von ihr beeindruckt, daß man sogar Fluren und Wege nach ihr benannte. Nur die auf den Inseln lebenden Riesen fürchteten Hel nicht, denn oft brauchten sie ihren Rat und ihr Urteil, wenn sie die Zwistigkeiten mit den Zwergen, denen sie ununterbrochen ausgesetzt waren, nicht beilegen konnten. Die Menschen schrieben ihr alles Unglück zu, denn Hel war — so glaubten sie — die Ursache von Krankheiten und Seuchen bei Menschen und Vieh, die man schon damals mit Fliedertee und Holunderbeeren zu bekämpfen versuchte. Diese Mittel nannte man auf Föhr Halbum und Halbeien, wobei in der Silbe „Hal" der Name Hel steckt. Es waren Gegenmittel gegen die Bedrohungen durch die Todesgöttin, daher pflanzte man an Häusern und in Gärten viele Holunder, um den Zauber der Göttin von Haus und Hof abzuwehren.
Um die Todesgöttin zu besänftigen, brachten die furchtsamen Menschen ihr Opfer dar. Am Deich bei Oevenum nannte sich der Platz 'Halkuul', bei Nieblum ist es der 'Halhuugh' und bei Utersum ein Hal und ein Halstieg.
Die Todesgöttin Hel hatte keinen festen Wohnsitz, denn sie hielt sich immer dort auf, wo ein Unglück geschehen war oder Menschen in Not waren. Sie haßte die Menschen; auch die Zwerge mochte sie nicht, aber die Riesen liebte sie und folgte ihnen daher oft auf ihren Streifzügen.
(Nordfriesische Inseln)

Die Rache des Riesen Boh

In zahlreichen Sagen aus der schleswigschen Geest und aus Nordfriesland wird von großen und starken Riesen gesprochen, auch Kämper genannt, die, meist ohne festen Wohnsitz, durch das früher heide- und waldreiche Land zogen. Es sollen gutmütige und urwüchsige Wesen gewesen sein, die in ihrer ärmlichen Kleidung, barfüßig oder auf Holzschuhen, von Siedlung zu Siedlung zogen, die sie oft selbst gegründet hatten und deren Namen heute noch von ihnen zeugen sollen. In Hadersleben an der Ostsee lebten einst die beiden Riesenbrüder Hother und Hather. Hadersleben wurde von Hather gegründet, aber auch Hother stellte Besitzansprüche, die Hather allerdings nicht gelten lassen wollte. So gerieten sie in heftigen Streit, und es kam sogar zum Kampf zwischen ihnen, der zunächst unentschieden verlief, denn beide waren gleich stark und im Kampf geübt. Dann aber gewann Hather den Kampf, denn er verfügte über mehr Ausdauer. Hother floh durch die Wälder westwärts, bis er an die Nordsee kam, wo er den Ort Hotherby baute, den man später Hoyer nannte.
Auf der Insel Föhr lebte zu jener Zeit der Riese Bolder, der das Dorf Boldixum erbaut hatte. Er war der weiseste und beste aller Riesen und begehrte Nanna, die schönste aller friesischen Frauen, die Tochter Gevers des Reichen. Bald heiratete Bolder die schöne Nanna, die ihm einen Sohn gebar, den sie Forsete nannten. Weil sie ihrem Sohn eine gute Erziehung angedeihen lassen wollten, brachten ihn die Eltern auf die Felseninsel Helgoland zu einer guten friesischen Familie, die ihn wie ihren eigenen Sohn aufnahm und auch so erzog. Forsete wurde später Richter und Schlichter aller Streitigkeiten der Friesen, und nach ihm wurde Helgoland aus Dankbarkeit

H. Andersen
1985

auch Forsetes Land genannt. Eines Tages kam Hother nach Föhr und traf die schöne Nanna, von der er in Hotherby gehört hatte. Er versuchte, sie zu entführen, aber Bolder hatte das gemerkt, und nun kam es zwischen ihnen zu einem gewaltigen Kampf. Lange schien der Sieg zweifelhaft, aber da erschien plötzlich die Zauberin Hel, deren Liebling Hother war. In einer Kampfpause gab sie ihm ein hieb- und stichfestes Kleid und verriet ihm, wie er Bolder überwinden könne. Wieder kam es zum Kampf, der mit dem Tode Bolders endete. Mit Gewalt entführte Hother die schöne Nanna nach Hotherby. Kurz darauf kehrte der Bruder des Bolder, der gewaltige Meerriese Boh, von einer langen Seereise nach Sylt zurück. Als er das Lister Tief erreicht hatte, erzählten Fischer ihm vom schmachvollen Tod seines Bruders. Boh ergrimmte darüber so sehr, daß er — ohne die Ebbe im Wattenmeer abzuwarten — sein Pferd bestieg und in Begleitung seines Hundes zum Festland nach Hotherby hinüberritt, um den Tod seines Bruders zu rächen. In rasender Eile ritt er durch Schlick und Wasser. Sein Hund konnte ihm aber nicht folgen, blieb auf einer Austernbank unweit von List liegen und starb. Seither heißt diese Stelle 'Höntje'. In der Westerlei glitten der Futtersack und Boh's Kleidung vom Pferd und trieben durch einen Priel zu einer Sandbank, die seither 'Dracht' genannt wird. Boh ließ sich keine Zeit, die verlorenen Sachen zu bergen, sondern jagte weiter. Das Pferd aber wurde immer langsamer, denn es war völlig erschöpft. Auf einer Sandbank legte es sich nieder und erlag der mörderischen Jagd. Noch heute heißt diese Sandbank 'der Hengst'. Boh war dem Festland nahe, und mit großen Schritten legte er den Rest des Weges zu Fuß zurück. Er schnaubte und fluchte, als ob es donnerte, warf mit Hagel und Steinen um sich und fuhr wie ein Sturmwind an das Ufer.

Als er sich Hotherby näherte, sah er den Mörder seines Bruders, wie der gerade ein Feld umpflügte. Boh nahm seine riesige Jeßfork, eine dreizackige Schiffsgabel, schlich sich an Hother heran und überfiel ihn. Mit einem kräftigen Hieb verwundete er ihn an der Lende, aber Hother wehrte sich tapfer. Er riß die Pflugschar aus der Erde, schwang sie hoch und schleuderte sie gegen Boh. Doch der Wurf war zu weit und traf nicht. Hother stürzte zu Boden, denn seine blutende Lende hatte ihn sehr geschwächt. Ohne Mühe konnte Boh ihn nun mit der Jeßforke durchbohren, denn Hother hatte sein stichfreies Kleid nicht angelegt. Der Tod Bolders war gerächt, und Boh kehrte zufrieden nach Sylt zurück. Noch lange galt der Riese Boh unter den Friesen von Sylt als Rächer des Unrechts. Sie weihten den Boikenhügel seinem Andenken und forderten ihn zur Rache auf, wenn ihnen Unrecht widerfahren war.
(Nordfriesland)

Die liebestrunkenen Nachtläufer

Viele Grabsteine auf den Friedhöfen der nordfriesischen Inseln weisen noch heute auf stolze Seefahrer hin, die früher bei Eis und Sturm auf ihren verhältnismäßig kleinen Booten aufs Meer hinausfuhren, um Wale zu jagen. Wenn die Männer vom Frühjahr bis zum Herbst auf See waren, dann war es sehr still auf den Inseln. Aber dafür ging es im Herbst und im Winter ausgelassen, fröhlich, ja manchmal auch wild und abenteuerlich zu. Dann war die Zeit der 'Halfjunkengänger' (Halbdunkelgänger) gekommen, die einzeln oder in Gruppen auf Brautschau gingen und mit allen erdenklichen Mitteln versuchten, ihr Ziel zu erreichen.

Die Bewohner der Inseln fürchteten sich, wenn die Nachtläufer in der Dämmerung ihr lautes Treiben begannen, denn besonders abends und nachts belebten sie die dunkle Heide mit den Grabhügeln (Hünengräbern), die der Sage nach Tummelplatz der Zwerge und Hexen waren. Auf See hatten sie zwar gefährlichere Abenteuer zu bestehen und oftmals viel Mut zu beweisen, aber zwischen den Hügeln wurde ihr Verhalten stets leise und respektvoll, besonders dann, wenn sie in ihrem Treiben zu weit gegangen waren.
Wie gesagt, die Bewohner fürchteten sich oft, aber sie duldeten das wilde Treiben der jungen Seefahrer, denn im Frühjahr würde es wieder still und einsam auf der Insel sein. Noch aber wurde in jeder Woche getanzt, und es ging sehr lustig zu. Auf dem Heimweg wurden mutwillige Streiche verübt, einer lauerte dem anderen auf; man erschreckte und neckte sich gegenseitig. Wenn einer der Freier eine Braut gefunden hatte, dann schleppte man sein Boot vor die Tür des Hauses der Braut oder stellte einen mit Strohmännern beladenen Wagen davor. Ein abgewiesener Freier bekam entweder einen Korb, in dem ein Spott- oder Trostgedicht lag, oder eine Handvoll scharfer Flintsteine, damit er sich die Tränen trocknen konnte. Der Korb wurde nicht selten über den Schornstein des Hauses gestülpt. Hin und wieder legte man in den Korb auch schriftliche Ratschläge für künftige Freiergänge.
Es kam auch vor, daß in einem Dorf alle Türen gebunden, alle Schornsteine verstopft, alle zu fest verriegelten Türen der Mädchen aufgebrochen oder alle Mistkarren und Wagen versteckt wurden. Das geschah immer dann, wenn der Freier nicht zum Erfolg kam. Die Halbdunkelgänger beobachteten sich gegenseitig und duldeten nicht, wenn einer unter ihnen war, der ein anstößiges Leben führte und unehrenhaft war. Die Sitte

mußte bei allem bösen Treiben gewahrt bleiben, und wer sich dem nicht unterordnete, der mußte ein sogenanntes 'Rügenopfer' zahlen. Er wurde eines Nachts von vermummten Gestalten überfallen, zu einem Steilhang am Meer oder zu einem frischaufgeworfenen Grab geführt, wo sie ihn schnell verließen, damit er sich auf seine Tat besinnen möge. Führte das nicht zum Erfolg,dann drohte der Tod.
Entweder ließ man ihn auf See ertrinken oder man steckte ihn im Winter unter das Eis. Das war eine grausame Selbstjustiz, die jeder fürchtete und sich daher bemühte, kein sittenwidriges Leben zu führen. Am Petritag, dem 22. Februar, waren die Unternehmungen der Nachtläufer zu Ende. Wer von ihnen keinen Erfolg gehabt hatte, der tröstete sich und nahm sich vor, es im nächsten Jahr besser zu machen. Jetzt ging es erst einmal wieder auf See hinaus, wo man sich noch lange von den wilden winterlichen Streichen zu erzählen hatte, aber auch schon wieder Pläne für den kommenden Herbst schmiedete.
(Nordfriesische Inseln)

Holnis

An der Südseite der Flensburger Förde liegt weit in die Ostsee hineinragend die Halbinsel Holnis. Der Name soll der Sage nach durch einen Zufall entstanden sein. Der kleine Kobold Nis Puk hatte sich nahe der Ostsee auf dem Stallboden eines Bauernhofes eingenistet, denn er wollte sich nach den vielen Strapazen einige Zeit an der frischen Seeluft erholen. Sein Lieblingsplatz war an der offenen Bodenluke, von wo er weit über das schöne Land bis zur Ostsee sehen konnte. Da sah er eines Tages einen Mann des Weges kommen, der einen weiten schwarzen Mantel und einen breitkrempigen Hut trug. Vor dem Hause blieb der Mann stehen, sah zur Bodenluke hinauf und sagte: „Ich bin der berühmte Doktor Faust! Und wer bist du?" „Ich?" antwortete Nis Puk, „ich bin der berühmte Nis Puk!" Doktor Faust hatte von Nis Puk gehört, nur von seiner Berühmtheit wußte er nichts. Wer konnte berühmter sein als er? Er wandte sich ab und wollte weitergehen, blieb dann aber stehen und sagte: „Ich bin hier, um die Tiefe der Flensburger Förde zu erkunden. Wenn du wirklich so berühmt bist, dann kannst du mir sicher dabei helfen!" „Das kann ich schon", antwortete Nis Puk etwas voreilig, denn er bedachte nicht, daß er dann ja auch mit dem Fremden auf die See hinausfahren mußte. Man hatte ihm vor langer Zeit einmal berichtet, daß Doktor Faust ein weit im Land bekannter Hexenmeister war. Nis fragte sich nur, warum Doktor Faust die Tiefe der Förde wissen wollte? Sicher wollte er wieder einen seiner teuflischen Pläne verwirklichen. Nis Puk war nun einmal sehr neugierig, stieg die Leiter hinab und sagte: „Nun gut, hier bin ich! Ich komme mit!" Lange sprachen die beiden über den Plan des Doktor Faust. Dann machten sie sich daran, ein Boot aus Glas zu bauen, damit sie besser in die Tiefe des Wassers sehen konnten. Schwimmen konnten sie beide nicht, außerdem war Nis Puk wasserscheu. An einem schönen Sommertag war es dann soweit. Das Boot war fertig, und die Fahrt konnte beginnen. Nis Puk war der Steuermann, Doktor Faust studierte die Seekarte und bestimmte den Kurs. Alles schien gut zu verlaufen, aber sie hatten nicht mit den Unbeständigkeiten des Wetters zwischen Nord- und Ostsee gerechnet. Plötzlich kam starker Wind auf, der sich zu einem Sturm entwickelte. Das gläserne Boot tanzte in den Wellen auf und ab, und bald wußten die beiden nicht mehr, wo oben und unten war, denn sie waren auch noch seekrank geworden. Gleichwohl ließ Nis Puk das Ruder

H. Andersen
1985

nicht los und steuerte das Boot fest in eine Richtung, denn seinem Gefühl nach mußte bald Land auftauchen. Doktor Faust war aber anderer Meinung und schrie in den Sturm: „Dort ist das Festland! In dieser Richtung!" Nis Puk hörte nicht auf den tobenden Doktor, der vorn im Boot stand, wütend redete und gestikulierte. Fest umklammerte er das Ruder und änderte den Kurs nicht! Doktor Faust hatte sich bald wieder beruhigt und blickte in die tobende See. Plötzlich aber sah er Land vor sich und rief: „Halt Nis! — Da ist Land!" Nis Puk hatte das Land längst gesehen, steuerte das Boot ins flache Wasser und ließ es auflaufen. Dann gingen beide an Land.
Doktor Faust bedankte sich bei Nis Puk für dessen Hilfe und verschwand. Nis Puk war sehr froh, wieder festen Boden unter den Füßen zu haben und kehrte auf seinen 'Landsitz' zurück. Der Bauer hatte von dem Ausflug gehört, und Nis Puk mußte ihm die Geschichte erzählen. Weil Doktor Faust 'Halt Nis!' gerufen hatte, meinte er, man sollte das Land von nun an so nennen, und, da er plattdeutsch sprach, nannte er es 'Hol Nis', was sich dann später in Holnis verändert hat. So heißt die Halbinsel noch heute.
(Flensburg-Land)

Die Mördergrube bei Flensburg

Es ist schon lange Zeit her, da war das Land noch weit und wenig besiedelt. Wollte man von einer Siedlung zur anderen, dann mußte man auf schlechten Sandwegen, die von düsteren Mooren begrenzt waren, zu Fuß wandern oder mit dem Pferdewagen fahren. Dazu säumte den Weg oft dichtes Gestrüpp, in dem sich Räuber gut verbergen konnten. Denn es war die große Zeit der Räuber und Wegelagerer. Für sie galten keine Gesetze. Was sie zum Leben brauchten, das raubten sie den Bauern und Händlern, die sich auf den gefahrvollen Weg in einen anderen Ort begeben wollten. Dichte Wälder und gefährliche Moore boten ihnen so gute Verstecke, daß sie sich leicht jeder Verfolgung entziehen konnten. Nördlich der Stadt Flensburg in einer Schlucht, die noch heute die 'Mördergrube' genannt wird, fanden die Wegelagerer in einer versteckten Höhle sicheren Unterschlupf. Dort lebten sie zusammen mit verwegenen Mädchen, die nachts, wenn der geraubte Wein herumgereicht worden war und ihre Sinne betäubt hatte, nackt am Lagerfeuer tanzten.

Weithin war das Johlen, Lachen und Gröhlen der ausgelassenen Bande zu hören; einsame Wanderer wagten sich nicht in die Nähe dieses Platzes. Schaudernd beeilten sie sich, die nächste sichere Siedlung zu erreichen. Die Räuber hatten Wachen aufgestellt. Blitzschnell verschwanden sie in ihrer Höhle, wenn Leute aus den Siedlungen oder aus der Stadt versuchten, sie zu überrumpeln und zu fangen.

Die Räuber fühlten sich so sicher, daß ihre Überfälle immer dreister und brutaler wurden. Über den nahen Sandweg hatten sie ein Seil gespannt, dessen Ende mit einem Glöckchen versehen, bis in die Höhle reichte. Traten nun hastig ihrem Ziel zueilende Wanderer auf das Seil, klingelte es in der Höhle, und die Räuber sprangen schreiend und johlend aus ihrem Versteck hervor und überwältigten die zitternden Opfer.

Die Überfallenen mußten alles, was sie bei sich hatten, abgeben, wurden dann verspottet und geschlagen, mitunter auch mit glühenden Holzscheiten gebrannt, durch Messerstiche verletzt und hin und wieder auch zum allgemeinen Vergnügen zu Tode gequält. Die Leichen warf man in das unwegsame

Gestrüpp, wo sie oft erst nach langer Zeit gefunden wurden. Hilflos waren auch diejenigen, die den Opfern zu Hilfe eilen wollten, denn der Schlupfwinkel der Räuberbande war nicht zu finden. Wenn die Räuber auch gut von dem leben konnten, was sie bei ihren Überfällen erbeuteten, so mußten sie doch hin und wieder in die Stadt, um irgendwelche Dinge zu besorgen oder einzukaufen.

Eines Tages sandten sie eines ihrer Mädchen zum Markt, um Bohnen zu kaufen. In der Stadt fiel das Mädchen auf, denn sie war ungepflegt und hatte zerzauste Haare. Auch benahm sie sich auffallend ängstlich, sah sich immer wieder scheu um und verdrückte sich in enge Torwege.

Als sie die Stadt wieder verließ, wurde sie von einigen Mitbürgern mißtrauisch beobachtet. Sie sahen, daß das Säckchen, das sie unter dem Arm trug, ein Loch hatte, aus dem Bohnen herausfielen und eine deutliche Spur wiesen. Eilig riefen die Beobachter einige Männer zusammen. Sie folgten der Spur, die geradewegs zum Schlupfwinkel der Räuber führte. Weil diese sich sicher fühlten, hatten sie zu jenem Zeitpunkt ihre Wachen eingezogen. Sie waren daher völlig überrascht, als sie die vielen Männer auf ihre Höhle zukommen sahen. Sie waren so schnell auf eine Gegenwehr nicht eingestellt und wurden fast kampflos überwältigt.

Die Räuber wurden mit ihren Mädchen in die Stadt gebracht, wo man sie nach Recht und Gesetz aburteilte und für den Rest ihres Lebens in den Kerker sperrte. Bauern, Händler und Reisende konnten endlich wieder ungefährdet über die Landstraßen ziehen, doch wurden sie immer wieder an das schreckliche Treiben der gefürchteten Räuberbande erinnert, wenn ihr Weg sie an der 'Mördergrube' vorbeiführte.

(Flensburg-Land)

Franz Böckmann

Als die Schweden im Dreißigjährigen Krieg unter ihrem Feldherrn Steenbock ins Land eingefallen waren und des Königs Truppen sich schon weit zurückgezogen hatten, lebte in der Stadt Flensburg ein tapferer Bürger namens Franz Böckmann. Dieser setzte beim König durch, daß die Stadt noch einige Zeit länger gegen die Schweden gehalten werden sollte. Die Schweden aber waren in der Überzahl, überrannten die Verteidiger der Stadt und rückten ein. Franz Böckmann hatte sich in Sicherheit gebracht, aber er ruhte nicht eher, bis er die Stadt wieder befreit und vor der Plünderung bewahrt hatte. Er schlich sich auf Umwegen nach Rendsburg, wo sich noch königliche Truppen befanden. Er bekam die Erlaubnis, von dort einige Trommelschläger und Pfeifer mit nach Flensburg zu nehmen. Mit ihnen versteckte er sich in der Marienhölzung, einem dichten Laubwald nordwestlich der Stadt. Aus der Umgebung kamen weitere Leute, die sich ihm anschlossen. Ihnen gab er dänische Uniformen. Die Schweden hatten zwischen der Stadt und dem Wald ihre Posten aufgestellt. In der Nacht ließ Franz Böckmann seine Leute vor ihnen hin und her marschieren und ließ die Trommler und Pfeifer aus Leibeskräften spielen. Die schwedischen Posten zogen sich in die Stadt zurück und meldeten ihrem Kommandanten die Vorgänge in der Marienhölzung. Dieser ging mit ihnen zurück in ihre Stellung. Er wollte sich persönlich überzeugen, aber er wagte sich nur bis kurz vor die Stadttore. Im Glauben, die gesamte dänische Armee sei im Anmarsch, ordnete er den sofortigen Abmarsch an, und in aller Eile verließen die Schweden die Stadt. Franz Böckmann folgte ihnen mit seiner kleinen Schar. Es sah sonderbar aus, als die Schweden durch das rote

Tor hinauszogen und eilig den steilen Berg hinaufwollten. Der aber war von Glatteis spiegelblank. Die schwedischen Soldaten glitten aus und schlugen sich dabei ihre Glieder und Köpfe. Lachend sollen Franz Böckmann und seine Mitstreiter diesem kläglichen Rückzug zugesehen haben.
(Flensburg-Land)

Die Kosaken in Flensburg

Nach der Schlacht bei Leipzig 1813 rückte Graf Bernadotte mit einer aus Schweden, Russen und Deutschen bestehenden Streitmacht in Holstein ein, um die vorgerückten Dänen zurückzuschlagen. Ein Teil der Armee marschierte auf Flensburg zu, aber vor ihr waren schon drei Kosaken in die Stadt eingedrungen. Sie waren der Armee auf ihren schnellen Pferden vorausgestürmt. Ungehindert hatten sie die Wachen an den Toren der Stadt passieren können, denn sie hatten sich als Händler verkleidet und blieben unerkannt. In der Stadt hatte sich bald die Nachricht verbreitet, daß eine große Armee im Anmarsch sei, um die Stadt einzunehmen. Unter den Bürgern herrschte große Angst, denn es ging das Gerücht um, daß besonders die Schweden sehr grausam sein sollten. Wenn auch viele Flensburger eilig ihren Besorgungen nachgingen und auf den Märkten Geschäftigkeit herrschte, spürte man doch große Unruhe unter den Bürgern. Alle wehrfähigen Männer waren an die Stadtmauer beordert worden um der anrückenden Armee Widerstand zu leisten. Das hatten auch die drei Kosaken erkannt, daher setzten sie ihren Plan, die Stadt von innen her wehrlos zu machen, in die Tat um: einer von ihnen postierte sich in der roten Straße. Einem vorübergehenden Polizisten

befahl er drohend, seinen dänischen Uniformrock auszuziehen. Dieser war so überrascht und verängstigt, daß er dem Befehl gehorchte. Bürger, die das beobachtet hatten, flohen in ihre Häuser. Ein weiterer Kosake wachte am Südermarkt. Er ließ alle Wagen, die hier von außen ankamen und Waren zum Markt bringen wollten, anhalten. Die Kutscher flohen in wilder Angst, denn sie glaubten, von einem Soldaten bedroht zu werden, der seiner Stimme nach nicht aus dieser Gegend kam. Der Kosake sammelte so einen großen Wagenpark an, der den Anschein erweckte, der Fuhrpark einer großen Armee zu sein. Der dritte Kosake war zum Rathaus geritten. Die Wachen waren so überrascht, daß er ungehindert in das Zimmer des Bürgermeisters vordringen konnte, von dem er sich die Schlüssel der Stadt geben ließ. Dann bestiegen die drei Kosaken ihre Pferde und galoppierten wild durch die engen Straßen der Stadt. Sie schrien und johlten, schwangen die blanken Säbel über ihren Köpfen und trafen sich beim Südermarkt am Wagenpark. In der Stadt hatte sich schnell das Gerücht verbreitet, daß die Truppen einmarschiert seien, und man leistete daher der anrückenden Armee vor den Toren der Stadt keinen Widerstand mehr. Die Armee kam in eine wie ausgestorben wirkende Stadt, denn die Bürger hatten sich in ihren Häusern verkrochen. Am Südermarkt wurden sie von den drei Kosaken empfangen, die allein eine ganze Stadt erobert hatten.
(Flensburg)

Die Duburg

In alten Zeiten stand oberhalb der Stadt Flensburg ein Schloß, die 'Duburg'. Hier hauste ein gottloser Ritter, der sich immer wieder am Heiligsten versündigte. Im Schloß veranstaltete er mit seinen Knechten wilde Gelage, zu denen er Jungen aus der Stadt einfangen ließ, die gezwungen wurden, an seinen Orgien teilzunehmen. Er mißachtete ihre Reinheit, lästerte über Gott und die Kirche und setzte sich über alle Gesetze des Anstandes hinweg. In einer stürmischen und kalten Winternacht waren wieder alle Fenster des Schlosses festlich erleuchtet. Die Bürger der Stadt lauschten erbost dem lauten Treiben auf dem Schloß, aber aus Angst vor der Grausamkeit des Ritters wagten sie nicht, dagegen anzugehen. Es blieb ihnen nichts anderes übrig, als Gott in ihrem Gebet um Hilfe zu bitten. Da tat sich plötzlich die Erde auf. Vor ihren Augen versank das Schloß unter lautem Krachen mit allem, was sich darin befand. Dann herrschte eine unheimliche Stille.

Erst nach Tagen wagten sich die Bürger zum Ort des überirdischen Geschehens. Wo einst das Schloß gestanden hatte, war jetzt ein Teich entstanden, der unergründlich schien. Das Wasser schimmerte blau, und weiße Luftperlen stiegen von Zeit zu Zeit an die Oberfläche. Die Bürger nannten den Teich 'der blaue Damm', weil sie in der Tiefe des Wassers einen Damm zu sehen glaubten, der das Schloß unter sich barg. Aber es geschahen Wunder: In jeder Neujahrsnacht, wenn es von der Kirche St. Marien zwölf Uhr schlug, stand das Schloß plötzlich in seiner ganzen Schönheit wieder da.

Dann erhoben sich die Könige und Herren, die einst im Schloß gewohnt hatten, aus dem 'blauen Damm' und ritten mit ihrem Gefolge in langem Zug um das Schloß herum und endlich zum Tor hinaus. Nur den gottlosen Ritter will niemand gesehen haben. Sobald es aber vom Turm St. Marien ein Uhr schlug, versank alles wieder in der Tiefe des Teiches. Es sind mit dem Schloß viele Schätze versunken, die, wie man sich erzählt, von zwölf weißgekleideten Jungfrauen behütet wurden.

Diese zwöf Jungfrauen sollen auch zur Neujahrsnacht, gehüllt in ihre langen Schleier, dreimal um den Platz des Schlosses herumgegangen, dann aber wieder verschwunden sein. Einmal sollen zwei Soldaten am Teich Wache gestanden haben. Als aber der eine in die Stadt gegangen war, geschah es, daß eine weißgekleidete Frauengestalt aus dem Teich stieg, zum anderen kam und ihn ansprach: „Ich bin ein unseliger Geist, der nun schon wieder viele hundert Jahre umhergewandert ist. Aber niemals werde ich Ruhe im Grabe finden."
Dann vertraute sie dem Soldaten an, daß unter dem 'blauen Damm' ein großer Schatz verborgen sei, den nur drei Menschen in der Welt heben könnten. Er wäre einer von diesen. Der Soldat glaubte an sein Glück und gelobte, all ihren Wünschen nachzukommen. Die Frau befahl ihm, in der nächsten Mitternacht wieder zur Stelle zu sein. Unterdessen war der andere Soldat aus der Stadt zurückgekehrt und bemerkte seinen Kameraden noch im Gespräch mit der weißgekleideten Frau. Er hatte den Rest des Gespräches gehört, aber er versprach seinem Kameraden, zu niemandem darüber zu reden. Obgleich er von der geheimnisvollen Frau nicht eingeladen worden war, fand er sich am nächsten Abend rechtzeitig an der besagten Stelle ein und versteckte sich in einem nahen Gebüsch. Als der erste Soldat nun mit Spaten und Hacke kam, stellte sich auch bald die weißgekleidete Frau ein.
Sie bemerkte aber den Lauscher im Gebüsch und verschob das Treffen auf den nächsten Abend. Der andere Soldat, der nun vergeblich gewartet hatte, begab sich in die Kaserne und wurde plötzlich schwer krank. Er fürchtete den Tod und ließ seinen Kameraden zu sich rufen. Er sagte ihm, daß er alles wüßte und ermahnte ihn, sich nicht mit dem Spuk abzugeben, sondern besser beim Pastor, der ein kluger Mann sei, Rat zu suchen.

Der Soldat beherzigte diese Mahnung und ging zum Pastor. Ihm erzählte er, was geschehen war. Der Pastor riet, alles zu tun, was die geheimnisvolle Frau verlange, nur müsse sie zuerst ans Werk gehen. Zur festgelegten Zeit fand sich der Soldat wieder am Treffpunkt ein. Nachdem die weißgekleidete Frau ihm die Stelle genau gezeigt hatte, sagte sie zu ihm: „Wenn der Schatz gehoben ist, gehört die Hälfte dir. Die andere Hälfte geht zu gleichen Teilen an die Kirche und an die Armen."
Plötzlich merkte der Soldat, daß in ihn der böse Geist gefahren war. Seine Habsucht erwachte, und er rief: „Nein! — Ich will alles haben!" Kaum hatte er das gesagt, da gab die weißgekleidete Frau einen klagenden Laut von sich und stob in eine blaue Flamme gehüllt davon. Der Soldat wurde noch zur selben Stunde schwer krank und folgte seinem Kameraden drei Tage später ins Grab.
Die Geschichte wurde nun im Land bekannt. Ein armer Student erfuhr davon und machte sich auf, sein Glück zu versuchen. Er ging um Mitternacht zu dem Ort, traf die weißgekleidete Frau und sagte ihr, was er wolle. Doch sie erwiderte, daß er nicht einer von den dreien wäre, die sie retten könnten. Er sollte aber eines Tages für sein Angebot, ihr zu helfen, belohnt werden. Man erzählt sich, daß dieser Student später an besagtem Ort vorbeigekommen sei und sich der weißgekleideten Frau erinnert habe. Er sei plötzlich gefallen und mit der Nase auf einen Haufen Geld gestoßen.
Lange Zeit hat man versucht, den 'blauen Damm' zu verschütten, aber er tat sich immer wieder auf. Eines Tages aber gelang es doch. Viele Leute warfen Spaten für Spaten Erde in die Tiefe des Teiches. Während der Arbeit sangen sie, und der Pastor stand neben ihnen und betete.
(Flensburg)

Das weiße Schiff

Südlich der Stadt Rendsburg verläuft der 98 Kilometer lange Nordostseekanal, der frühere 'Kaiser-Wilhelm-Kanal'. Dieser wichtige Schiffahrtsweg verbindet Nord- und Ostsee und wurde in den Jahren 1887 bis 1895 gebaut.
Über den Kanal sprachen die Bewohner des Landes schon lange vor seinem Bau, denn einige wollen Schiffe gesehen haben, die über Moore, Hügel und durch die Marschniederungen fuhren. Einmal ging die Marktfrau Trina Lemke mit zwei anderen Frauen aus Westerönfeld nach Rendsburg zum Wochenmarkt. Plötzlich streckte sie den Arm aus und rief: „Oh, seht mal da, ein großes weißes Schiff fährt dort über den Weg. Auf dem Schiff stehen Kanonen, und Leute in weißem Zeug laufen herum!" „Ach was", sagten die beiden anderen Frauen, „wir sehen nichts!" Sie lachten Trina aus und setzten ihren Weg zur Stadt fort.
An einem anderen Tag war ein Bauer mit seinem Fuhrwerk auf dem Heimweg von Rendsburg. An der Stelle, wo zuvor Trina das weiße Schiff gesehen hatte, wollte sein Pferd nicht über den Weg. Er schwang die Peitsche, das Pferd bäumte sich auf und wieherte, aber weitergehen wollte es nicht. Der Bauer war gezwungen, einen großen Umweg zu machen, um nach Hause zu kommen.
Als dann Jahre später der Kanal gebaut wurde, sollte er erst bei Büdelsdorf durch den Fluß 'Eider' geführt werden, und die Leute sagten: „Nun hat Trina doch nicht recht!" Dann entschloß man sich aber doch, den Kanal dort vorbeizuführen, wo Trina Lemke das weiße Schiff gesehen hatte.
(Rendsburg)

Das Fräulein mit dem Schlüsselbund

Unweit der Stadt Neumünster lag einst die Burg des Herren von Wittorf. In der Nähe der Burg hat einmal in einer Nacht ein Schulmeister aus Padenstedt nach einem vergrabenen Schatz gesucht, von dem seine Schüler immer wieder gesprochen hatten. Auf dem Weg zu der geheimen Stelle begegnete er einem Fräulein, das in der Hand ein Schlüsselbund trug.
„Ich bin eine Prinzessin", sagte sie, „aber ein böser Geist hat mich verzaubert, und jetzt bin ich ein armes Fräulein. Wenn du mich erlöst, dann sollst du den Schatz bekommen, den du suchst!" Der Schulmeister fragte die verwunschene Prinzessin, was er denn tun müsse, um sie zu erlösen?
Sie sagte ihm, daß er, wenn er den Mut hätte, erst einen Frosch, dann einen Wolf und dann eine Schlange küssen sollte. Plötzlich verschwand das Fräulein, aber sie kam schnell als Frosch zurück. Der Schulmeister tat, was ihm das Fräulein geraten hatte und küßte den Frosch, der daraufhin schnell fortsprang. Dann schlich sich ein Wolf heran, und auch ihn küßte der Schulmeister, denn er hatte den Wolf mit dem Rest seines Schinkenbrotes gefügig gemacht. Schnell schlich sich auch der Wolf nach dem Kuß wieder fort.
Dann aber tauchte eine Schlange auf. Sie war ein widerliches Ungeheuer, und dem Schatzsucher wurde angst und bange. Die Schlange umschlang den Schulmeister zärtlich, aber dieser befreite sich voller Abscheu von ihr und lief fort. So blieb die Prinzessin verwunschen, und bis heute ist der Schatz nicht gefunden worden.
(Neumünster)

Die schwarze Kutsche

Vor langer Zeit will man an jedem Abend um elf Uhr eine schwarze Kutsche gesehen haben, die über den Waisenhof in Kiel fuhr und von vier schwarzen Hengsten gezogen wurde. Vor dem Waisenhaus hielt die Kutsche an, und der geheime Rat Muhlius stieg aus. Er trug eine prächtige Uniform mit vielen Orden und einem Ordensband, denn er war ein verdienstvoller Mann. Ernst und schweigend sah er sich um und ging dann in das Haus. Geräuschlos durchwanderte er das alte, ihm wohlbekannte Haus, ging durch alle Zimmer, hier und da unzufrieden seinen Kopf schüttelnd, da und dort wohlgefällig nickend und betrat zuletzt die beiden Säle, in denen die Waisenkinder schliefen.
Zu jedem schlafenden Kind neigte er sich herab, horchte auf den Atem, faltete die Händchen und blickte manchmal mit heiligem Ernst durch das Fenster hinauf zum nächtlichen Himmel. Dann entfernte er sich wieder geräuschlos, stieg in seine Kutsche, die schnell über den Hofplatz rollte und plötzlich verschwunden war. Die Oberin des Hauses sah die Kinder stets friedlich mit gefalteten Händen in ihren Betten liegen, wenn sie sie morgens weckte.
(Kiel)

Inhaltsübersicht

Literatur- und Quellenhinweise

Hansen, Christian Peter: Friesische Sagen und Erzählungen, Altona 1858

Hoffmann, Karl Georg: Privatmanuskript (Hofarchiv), Lexgaard 1905

Kardel, Harboe: Das Nordschleswig-Buch, Heimat 1938

Ketelsen, Bruno: Volkskundliche Sammlung in der Landesbibliothek Schleswig-Holstein unter Cf 9

Ketelsen, Broder-M.: Privatarchiv, Niebüll

Meyer, Gustav Friedrich: Schleswig-Holsteiner Sagen, Jena 1929

Müllenhoff, Karl: Sagen, Märchen und Lieder der Herzogtümer Schleswig-Holstein und Lauenburg, Kiel 1845, Schleswig 1921 und Kiel 1975

Schwennsen, Peter: Privatsammlung, Lüngerau 1935